正向管教

如何管好叛逆的孩子

杜帅◎著

中国友谊出版公司

图书在版编目（ＣＩＰ）数据

正向管教：如何管好叛逆的孩子 / 杜帅著. -- 北京：中国友谊出版公司，2018.1

ISBN 978-7-5057-4193-5

Ⅰ.①正… Ⅱ.①杜… Ⅲ.①家庭教育 Ⅳ.①G78

中国版本图书馆 CIP 数据核字(2017)第 223936 号

书名	**正向管教：如何管好叛逆的孩子**
作者	杜　帅
出版	中国友谊出版公司
发行	中国友谊出版公司
经销	新华书店
印刷	北京鹏润伟业印刷有限公司
规格	710×1000 毫米　16 开
	13 印张　155 千字
版次	2018 年 1 月第 1 版
印次	2018 年 1 月第 1 次印刷
书号	ISBN 978-7-5057-4193-5
定价	39.80 元
地址	北京市朝阳区西坝河南里 17 号楼
邮编	100028
电话	(010)64668676

前　言

不知道从什么时候开始，孩子变得不听话、爱捣乱，甚至还学会了跟你顶嘴。

不知道从什么时候开始，孩子变得越来越任性，动不动就爱发脾气，甚至总是跟你对着干。

不知道从什么时候开始，孩子变得叛逆、逃学、打架、沉迷于上网，甚至面对你的批评置之不理、动不动就扬言离家出走……

面对孩子的种种叛逆行为，好多家长无可奈何地道出："好好的孩子，怎么变成现在这个样子了？""孩子越来越没法管了。"于是，有的家长一味批评打骂，有的家长则置之不理。殊不知，孩子越打越叛逆，越不管越会变本加厉！

于是，有的家长很困惑，我到底管还是不管？别急，本书将会告诉你，面对叛逆的孩子，我们不但要管，还要管得科学，管得到位。尽管每个孩子的叛逆行为不会完全相同，但本质上不会相差太多。本书就从孩子的几个叛逆时期入手，具体阐述不同时期孩子的叛逆行为和解决方法，为广大家长提供参考。

本书还要告诉家长的是：其实每个孩子都是好孩子。

所谓父母眼里的"叛逆孩子"，其叛逆的原因，除了少数是孩子自身因素外，大多数是因为父母教育方式不当造成的。在每个孩子的心里，都有向好的强烈愿望。很多时候，孩子的叛逆行为，只是表面的一个假象，他们只不过是想通过这些行为引起父母和人们更多的关注。

所以，如果你发现自己的孩子开始叛逆的时候，一定要认真对待，找到孩子叛逆的真正原因以采取适当的方法。相信这样，你不再会痛心疾首而又束手无策，孩子也将会快乐健康地成长！

目　录

父母向左走，我就向右走

1. 我讨厌妈妈

日本作家酒井驹子有一部作品叫《我讨厌妈妈》，书中的主人公是一只小兔子，他说他讨厌妈妈星期天早上赖床，不准备早餐给他吃。他讨厌妈妈总是一直看连续剧，却不许他看漫画。他讨厌妈妈一直催促他动作快一点，自己却老是与朋友聊天聊很久。他讨厌妈妈常常忘了洗衣服，害他穿着昨天穿过的袜子上幼儿园。让他最讨厌的居然是——妈妈说等他长大后也不能跟他结婚。虽然听起来有些幼稚，可是我们不能否认的是我们也会经常听到这样的话语。

"我不要你做我妈妈了，以后我不要你管。"前两天，一位母亲向我们反映，她发现8岁的儿子陈晨作业没写完就去玩电脑，她一恼火就过去关了电脑，并忍不住批评了儿子两句。谁料儿子竟冲着妈妈咆哮起来："你自己还不是这样，天天上网看小说看电影，说话不算话，还老爱管人家……"8岁的儿子罗列了妈妈的一堆"罪状"。妈妈说一句他会顶三句，全然不像小时候那个听话的"乖宝宝"。这让这位母亲感到很意外。然而更意外的是，陈晨竟然真的几天不理她，每天见到她就像仇人一样，连吃饭都不愿意跟她同一桌，令她苦闷至极。

12岁的六年级女生小敏，曾经是父母的掌上明珠，乖巧听话，学习成绩一向很好，从小就很懂事，自觉学习，还能主动帮助父母做家务。

可是不知道什么时候起，小敏开始无心上学，成绩也开始下滑。临近毕业考试的时候，小敏厌学现象更明显。尤令父母担心的是，小小年纪的她竟然交了一个男朋友。小敏常常找各种借口，开始逃课，频繁出入网吧，有时很晚才回家，和"不良青少年"一起去 KTV、去酒吧。

其实孩子都是好孩子。

父母眼里的"叛逆孩子"，其叛逆的原因，除了少数是孩子本身因素外，大多数是因为父母教育方式不当造成的。

在每个孩子的心里，都有向好的强烈愿望。很多时候，孩子的叛逆行为，只是表面的一个假象，他们只不过是想通过这些行为引起父母和人们更多的关注。

12 岁的小敏，因为父母整天忙着做生意，没时间照顾她，不管什么事，做得再好，父母也看不到，所以心里很失落。一个偶然的机会，她发现只要自己不听话，父母就会注意，就来过问，于是她便以这样的方式去引起父母的关注。

8 岁的陈晨，心里有着许多委屈，小的时候父母对他疼爱有加，要什么给什么。但长大后，父母总喜欢以命令式的口吻叫他做这样做那样的，还不许他有意见。一旦陈晨做错了什么事，父母第一反应就是批评，从不听他的解释，总之，"父母说的都是对的"。而他的优点，比如喜欢帮助人，对同学友好等，父母却视而不见。

到底什么样的孩子会出现逆反情绪呢？我们来分析一下原因。

有逆反情绪的孩子，通常表现出对权力人物的不合作、对抗与敌视行为，包括：

（1）频繁地大发脾气；

（2）与父母过度争吵；

（3）明显地对抗和拒绝大人的要求和原则；

（4）故意使人痛苦和不安；

（5）自己犯错或行为不当，却责怪他人；

（6）极度地易怒；

（7）频繁发怒和怨恨他人；

（8）难过时说话刻薄、恶毒；

（9）寻机报复。

以上征兆通常在很多场合出现，但在家里和学校表现得特别明显。5％到15％的学龄儿童都有叛逆行为的征兆，但许多父母却认为，他们的孩子只是比兄弟姐妹表现得更刚强或要求更高。

表现出明显叛逆症状的儿童应该得到全面的检查。重要的是，要观察孩子是否同时出现其他问题，比如注意力不集中、学习困难、消沉以及焦虑。如果同时出现的其他问题得不到治疗的话，也许很难矫正孩子现在的叛逆症状。一些有叛逆症状的孩子以后可能会发展成行为问题。

叛逆症状的治疗计划包括：有助于管理孩子行为的父母培训计划，有助于有效消除愤怒的个人心理治疗，以加强沟通为目的的家庭心理治疗，有助于解决问题和消极性的认知行为治疗，以增强变通性和提高对挫折的承受力为目的的社交技巧培训。

教育有叛逆症状的孩子对父母来说是很大的困难。这些父母需要支持和理解。父母能在以下几个方面帮助孩子：

（1）对孩子表现出的合作与变通总是给予正面的表扬。

（2）如果你继续，只会使你与孩子的冲突更糟糕，那么暂停，或抽时间出去。

（3）确定合理的、与孩子年龄相适应的限制，并坚持下去。

（4）除了你的孩子外，保持其他的兴趣爱好，这样，管理你的孩子就不会耗散你所有的时间与精力。努力与他人合作，并获得与孩子有关的其他人（老师、教练和你的配偶）的支持。

（5）用体育锻炼等来舒缓你的紧张情绪，避免向孩子发脾气。

许多有叛逆症状的孩子对父母的正面教育都有反应。父母在必要时可以寻求儿科医生和心理学家的帮助。

如今的社会，家长望子成龙的迫切心情、学生学习成绩的高压、独生子女的孤独等都造成了家长与孩子的生疏。此外，一些孩子个性内向，再加上家庭教育过于严肃，形成了缺乏沟通的家庭氛围。

家长首先要适应社会环境的变化，主动走近孩子、了解孩子，不要强迫孩子完全按家长的意愿去做事。对于孩子来说，家长的阅历经验是一本读不完的书，对自己积累知识有很大益处。

2. 父母向左走，我就向右走

　　人如同陶瓷器一样，小时候就形成一生的雏形。幼儿时期就好比制造陶瓷器的黏土，给予什么样的教育就会成为什么样的雏形。

——塞德兹

　　情景一：

　　天宇是一个 4 岁的小男孩，他性格很倔，什么事情都要依着他。一次吃点心，他不想吃藕，然后就要把它倒掉。妈妈看见后，马上叫他要吃完。他不听，走到垃圾桶旁边就要倒。妈妈大声地叫住他，但他不听仍要倒。

　　情景二：

　　灵灵从小就聪明伶俐，很听爸妈的话，是一个人见人爱的好孩子。可近来灵灵变了，凡事总爱与父母顶嘴，自作主张，有时还偏要同父母"反其道而行之"。例如，小学毕业后，爸妈为她选择了就近的一所重点中学作为报考志愿，而她偏挑选了一所离家较远的中学，她不是喜欢路远，而是有意和爸妈抬杠；灵灵有鼻炎，父母为她买了滴鼻药水，她却有意把它扔了；父母问她考试成绩，她明明及格了，却偏偏说不及格；有一天，天气突然变冷，灵灵的母亲特意给她送去衣服，她竟当同学们的面把衣服扔在寝室的地上；她爸爸平时工作忙，一有机会就想跟她聊聊，她却把他拒之于千里之外。

儿童、青少年在成长过程中，总会出现一定程度的逆反心理。所谓逆反心理，严重的就是有意不听家人或老师的话。大人不让做的他偏要做，大人让他做的他又偏不做；明明知道是对的也不听，故意和大人对着干。逆反心理如果引导、处理不好，会影响孩子成长。

逆反心理产生的原因

孩子通常在两个时期容易出现逆反心理，第一次是在3～5岁时，第二次是在12～16岁时。逆反心理产生的原因主要有三种。一是好奇心，对于孩子来说，他们有着强烈的好奇心，容易被新鲜的事物所吸引，勇于提问，爱动脑筋，越是不让动的、不许看的就越想动，越想看。二是对立情绪，任凭你"苦口婆心"，千言万语，他却无动于衷，认为你是虚情假意，吹毛求疵。三是心理上的需要，孩子对于越是得不到的东西，越想得到；越是不能接触的东西，越想接触；越是不让知道的事情，越想知道。这是人们心理发展的一般规律，由于孩子理智程度较差，这种欲求也更强烈。

正确看待幼儿"逆反心理"

首先，应理解孩子出现的逆反心理，并非真是什么"行为问题"，恰恰是儿童自我觉醒，要求独立的表现，是形成独立性的良好心理准备条件。一位著名的教育学家曾说："教育首先要引导儿童沿着独立性的道路前进。"孩子的独立性增强了,他们就能从受人控制逐渐发展到独立自主,形成自我发展的内部动力,愿意并能够去做力所能及的事,去动脑筋想问题,并提出自己新颖、独到的看法。

其次,幼儿期自我意识虽已萌发,但尚处于朦胧阶段,仍带有自我中心期的痕迹,有明显的情绪性、他律性、片面性的倾向,总是以自己主观的想法来解释外界的现象,以为世界是为"我"而存在的,这种意识是肤浅、零星、不稳定的。因此,父母不能一味地顺从、迁就孩子,否则就会使孩子形成不正确的认识和判断能力。

最重要的是树立正确的儿童观。要认识到每个幼儿都是独立的个体,他们有独立的人格,有被爱、被肯定、被尊重的心理需要,成人在对待幼儿的态度上要像对待成人一样,充分尊重幼儿的自尊心、情感、需要、兴趣,对幼儿的不良行为要做深入细致的思想教育工作,循循善诱,以理服人,以情感人,为幼儿创设一个宽松和谐的活动环境和心理环境。

了解"心理断乳"期的实质

人们常常把容易出现逆反心理的12～16岁称为"心理断乳"期,这个时期出现的逆反心理是明显的、突出的,这是他们心理走向成熟的反映。正常情况下,每一个个体最终都要走向独立和成熟,都要有自己的思想,他们不可能永远附属于别人。

"心理断乳"期是孩子从幼稚走向成熟的转折时期。从总体上讲,"心理断乳"期的各种心理现象,反映了少年儿童心理上的进步。从心理上依附于父母,到出现独立意向,这是重大的变化。当父母的要珍视子女的这一时期,正确看待这一时期,应采取积极的态度。

为此，对于孩子逆反心理的消极面，家长应根据孩子的心理特点，循循善诱，进行教育。家长更应看到逆反心理的积极一面，如因逆反心理出现的好奇心，是一种渴求认知事物的欲望，是求知的动力。逆反心理往往具有求异和思辨的特点，是孩子智慧的火花，创造的源泉，家长应留心注意，因势利导，促其成材。具体做法可以有：

（1）满足孩子的好奇心

孩子们有着强烈的好奇心，容易被新鲜的事物所吸引，勇于提问，爱动脑筋，越是不让动的、不许看的就越想动，越想看。此时父母不要只是一味地明令禁止，一方面要尊重孩子探求新知的欲望，并给予鼓励，同时更要耐心地给孩子讲明原因、说明道理。对于不好解释的一些问题，不妨用简单的事物打个比方说明，让孩子在沟通中理解父母的做法。

（2）尊重孩子的意愿

父母要摆正自己的心态，既不要把孩子当成是自己的私有财产，要求孩子对自己的话言听必行，也不要把孩子作为实现自己梦想的替身，把大人的意愿强加给孩子，企图要孩子按照父母安排好的生活模式生活。而应该给孩子一定的生存空间，尊重孩子的选择与意愿。

（3）避免矛盾激化

在孩子和父母之间出现抵触情绪的时候，父母可以通过软处理、冷处理等方式，来避免矛盾的激化，从而化解矛盾。给相互一个反思，缓解的空间。

（4）与孩子建立和谐关系

对孩子应该充分尊重和信任，和孩子建立良好的伙伴关系，建立平等和谐的家庭氛围，让孩子乐意和父母沟通交流，把父母当成是知心的朋友，而不是认为父母跟他们之间天生就有代沟，难以理解他们，从而导致疏远。

（5）创造民主家庭

给孩子创造一个比较民主的家庭环境，有关家庭中的计划、安排、活动等都可以和孩子商量着来，让孩子参与讨论与决策，给孩子发言权，听听孩子的想法，使孩子真正享有主人翁的地位。这样孩子的积极性会很高，对父母的爱更深，抵触情绪也就少了。

（6）要保护孩子的积极性

孩子的表现欲望很强烈，非常乐意帮父母做一些事情，他们觉得那样很光荣。所以父母对于孩子的这种积极性应该予以支持和保护，而不要觉得孩子做事是瞎捣乱、添麻烦，即使孩子做得不好，或彻底做错了，也要跟孩子一起分析做错的原因。孩子是在生活中慢慢长大的。

（7）让孩子了解自己

帮助孩子认识自己，让孩子了解自己的优点与不足，知道自己的性格薄弱点在哪里，然后帮助孩子改正，或培养孩子的自制力，让孩子知道自我约束。

（8）给孩子足够的情感保护

在孩子受到挫折或心情不愉快、受到委屈、遭到冷遇的时候，不要再去用一些话语或行为刺激孩子，要给予孩子爱抚与帮助。然后选择适当的时候，耐心地帮孩子分析原因，找错误，鼓励指导，增加孩子的自信，让孩子觉得父母是最可以依靠和信赖的。

（9）教孩子自制

确定合理的与孩子年龄相适应的限制，并坚持下去。同时要和孩子做好沟通，跟孩子讲明道理，让孩子真正从思想上接受这些规矩限制。这样一方面孩子在主观意愿上不存在抵触情绪，可以自觉地遵照，同时也可以培养孩子的自制力和自我控制能力，对今后的学习生活都可以打下良好的基础。

（1）家长式的教育方式

有的父母不尊重孩子，管教孩子时往往是不许这样不许那样；有的父母望子成龙心切，要孩子学这学那，如果孩子不感兴趣，不想学，父母就摆出一副长辈的架势，于是容易产生与孩子情绪上的对立。

（2）唠叨式的教育方式

有的父母喜欢整天对孩子唠唠叨叨，这个要这么做，那个要那么做；这也不对那也不是，总是没完没了地嘀咕，这种"敲木鱼"式的教育最终导致孩子厌烦而产生逆反心理。

（3）漠不关心的教育方式

儿童的好奇心和求知欲很强，什么都要问个明白探个究竟，这里摸摸那里碰碰，有时电插座、煤气开关也是他们探究的对象，一点不懂其危险性，有时好好的玩具也要拆开来看看，甚至会损坏贵重的家用电器。如果此时父母仅是简单、粗暴地说不许或不予理睬，就会引起孩子的不满而产生逆反心理。

孩子随着年龄的增长，有自己的主张了，大人给他的自主权也要随之增多。两三岁时，孩子正处于第一反抗期。

　　"儿子5岁了，不知为什么，他总是跟我唱对台戏，我让他往东，他却偏要往西。我让他擦鼻涕，他却偏把鼻涕弄到脸上，"一位妈妈苦恼地诉说着，"3岁前，儿子挺乖的，随着他一天天地长大，照理说应该更乖，可这儿子却变得越来越固执任性，你说'宝宝，到妈妈这儿来'，他偏说'不去'。这孩子简直在朝坏的方面发展……"

　　独立的需求不是"任性"，真正的任性是孩子一味地在物质或金钱方面提出要求。孩子叛逆的表现是自我的发展，他希望能自己体验"我自己来"的感觉。不甘心生活在父母这个"别动"，那个"不许"的规则底下。如果将你无微不至的照看比喻成蛋壳的话，他现在就是脱了壳的小鸡。5岁的这场危机，标志着孩子不再是婴儿，他是"儿童"了！如果一切包办或一味地训斥、惩罚，只会让孩子遇事缩手缩脚、强拗偏执。父母只有适度地放松，才会让孩子感觉自己是个胜利者、参与者和主宰者！

3. 离家出走，家里的世界很无奈

未成年人离家出走是全世界共同关心的问题，避免未成年人离家出走，关心青少年的成长，已成为人们共同关注的问题。因此，有必要认真分析未成年人离家出走的原因，以警示那些离家出走或准备出走的孩子，不要再做蠢事。同时，引起家庭、社会和学校的注意，采取必要的措施，避免孩子离家出走。

青春期的孩子离家出走的原因也许单一、也许复杂，但有一点是共同的，就是孩子面对着巨大的心理压力，无法解脱，于是一走了之。事实上，离家出走非但不能解决问题，反而会给孩子带来新的挫折和压力，甚至是灾难，但这又是年少无知的孩子不能预测的。

心理学家对离家出走的孩子作过分析，基本上可以分为以下四种类型：向往型、逃避型、报复型、盲从型。

离家出走的孩子以初中学生为主，男孩居多，也有女孩。之所以会导致这一行为，既有他们青春发育期的心理变化的原因，也有家长教育不当的原因。

从孩子方面说，初中阶段的学生正处在"心理断乳"期，开始从心理上依附父母，发展为独立意向强烈。他们独立活动的愿望日益强烈，迫切要求得到别人的尊重、信任和友谊。如果家长还像从前那样对待他们，甚至动辄打骂，便会使他们产生对立情绪，以致发展到出走。

此外，这个阶段的孩子精力旺盛，求知欲强，而实际的知识水平不高，缺乏社会经验，容易受到社会上某些人和事的不良影响，并在其引诱下走上邪路。

就家长而言，如何对孩子进行正确的教育是至关重要的。有些家长对孩子或百依百顺，放任骄纵；或以绝对权威自居，稍不合意，非打即骂，从而加深了孩子的逆反心理。这种溺爱与痛恨共同作用的结果，最终酿成了孩子离家出走的苦酒。

未成年人离家出走的原因是复杂的，有主观原因也有客观原因，归纳起来，其原因在于家庭、社会、学校三方面；从学生角度看，还有心理因素、青春期因素、成长因素等。未成年人离家出走与家庭、社会和个人有密切的关系，关系最大的是家庭。据调查，20％的家长对孩子期望值过高，孩子的学习处在被监控督促之下，压力大、兴趣低。还有17％的孩子常因不听话遭受父母斥责、打骂，由于长期的压抑，易形成逆反心理，出现矛盾冲突。还有10％以上的孩子处在不和睦的家庭中，4.8％的孩子因父母离异，常年和祖父母生活在一起，思想上无法沟通，有问题得不到有效的引导和帮助，这些家庭因素和孩子的离家出走都有关系。

以下从几种未成年人离家出走的原因中，剖析其家庭教育存在的问题。

（1）逃避惩罚

未成年人自尊心很强，最怕在同学面前丢面子、"掉价"。有的学生一旦在校犯了错误，老师通常要求家长共同教育，但一般学生都不愿意自己的错误让家长知道，既害怕学校处分又怕家长斥责。这时家长如果处理不当，给未成年人施加精神压力，当精神压力超出未成年人心理承受能力时，他们便会选择离家出走，出现到外边暂避风头的行为。

（2）赌气逞能

未成年人正处在青春发育期，成人意识增强，他们往往用自己的行为证明自己已经长大成人，有能力也有本领管理自己，不愿听家长喋喋不休的唠叨，尤其不愿意别人当面挖苦自己，赌气到外面闯荡，梦想有一天混出个样子来给家长或给周围的人看，想以此来证明自己的能耐。

（3）寻师求艺、讲哥们儿义气

中学时期是一个人的人生观、世界观形成的重要时期，这一时期，他们分析问题的能力、辨别是非的能力开始形成，但还很差，往往良莠不分，不健康的东西最容易感染他们，使他们执迷不悟，做出许多蠢事来。有的未成年人受某些电影、电视或武侠小说的影响，一心想学武练功，于是离家出走，外出寻师求艺。未成年人最容易讲义气，可以"为朋友两肋插刀"，宁肯不服从父母和老师，也不愿违背伙伴的意见。有的未成年人本人并不想离家出走，可是好朋友犯错误要出走，为了表示够朋友义气，也就陪着走一遭。此时，作为家长应正确引导，及时与老师联系共同教育未成年人。

（4）厌学寻乐

由于个别家长片面看重学习成绩，不重视未成年人的心理变化和学习习惯的培养；而有些未成年人自控能力很差，又缺乏学习的动力，对学习不感兴趣，厌烦读书，学不会也不想学。这就导致孩子出现厌学寻乐的思想，有时便几个人一起出走，到处游山玩水瞎逛一圈。这样的未成年人，多半是基础差，年龄大，家里有钱，家长管教不力，本人胆大。

（5）威胁家长

有的学生由于某些要求得不到满足，或者对家长逼迫学习过紧而产生反感，于是恐吓或威胁家长而出走。有的学生直接跟家长讲"你再老是批评我，我就出走"，以此威胁家长。有的学生并不真正出走，只是在同学家住几天，制造一种紧张气氛，使家长屈服。

（6）消极逃避

有的未成年人在家得不到家长的关心爱护，在学校得不到老师的关注，得不到同学的信任，便会产生悲观情绪，产生消极逃避的思想而离家出走。

（7）厌恶家庭

家庭不和，父母争吵、分居、离婚会使孩子感到难堪、屈辱和痛苦，感受不到家庭的温暖和父母的爱。他们为了弥补在家庭中失去的温暖，解除心中的烦闷，满足内心的需要，就会到相似环境的同伴中去寻求温暖和爱。他们有共同的心理、共同的感受、共同的语言，常会在一起计划离家出走独立生活来改善处境。在这种心理的触动下，在某件不顺心的事件的触发下，他们就会离家出走，以摆脱不利环境。

（8）过分溺爱

有的家长对孩子过分溺爱，无限制地满足孩子的物质欲望，但经常控制孩子的活动，使孩子觉得处处受限制，只有离家出走寻求真正的自由。有一个出走回来的孩子说，我爸妈对我好得让我受不了，我读书他们去接送，在家里不准我做任何事，饭端在我手里，菜也是他们夹，我就像失去人身自由一样非常难过，所以逃出家庭。鲁迅说：当一个人过分溺爱孩子时，他的爱便是反人类的。

以上谈了孩子离家出走的危害和原因，下面再说说家长怎样预防孩子出走或遇到孩子出走的情况家长该怎么办。

（1）做孩子的知心朋友

在不少家长的潜意识里，仍然受君臣父子、尊卑有别的封建思想影响，认为和子女交朋友"没老没少"，不成体统。少年思维活跃，有许多话想向人倾诉，如果放下家长架子，和子女平等相处，彼此能推心置腹地进行交谈，子女就会将你现为知己，无话不谈，少年的烦恼就可在交谈中得到缓解、消除，也就不会离家出走。

（2）帮助孩子寻找有益的同龄朋友

虽说家长可以做孩子的朋友，但有时并不被孩子认可。相反，他们更愿意将自己的烦恼告诉给同龄朋友。所以，家长应该鼓励孩子交同龄朋友。有的家长生怕孩子受坏朋友的影响，不允许孩子交朋友，敌视孩子的伙伴，不断告诫孩子人世间有多么险恶多么丑陋。这种做法无疑会在孩子的心中形成阴影，封锁了孩子与同伴交流的渠道。这种"因噎废食"的做法是不可取的。

（3）给孩子倾诉的机会

当孩子遇到挫折的时候，家长应主动与孩子交谈，安抚他们的低落情绪。如果动辄打骂、讽刺挖苦，孩子就不敢对家长说心里话了。这样做只能使孩子自卑心加重，自信心不足，内心的忧伤无处诉说，对生活产生悲观情绪，最终走向逃避。

（4）注意观察孩子的心理

一般情况下，少年在出走之前总会有一些"蛛丝马迹"的。比如，有的孩子突然变得魂不守舍，经常走神儿，两眼发直，好像在想什么事儿；

有的孩子则吞吞吐吐，做事情犹豫迟疑；也有的孩子一反常态，变得格外殷勤，大笑大叫……上述情况，都可能是孩子准备出走的先兆。如果家长马虎大意，不能及时发现这些预兆，就可能被孩子的突然出走搞得措手不及。

（5）妥善处理离家归来的孩子

孩子出走被找回来之后，既不能打骂恐吓又不能不闻不问。打骂恐吓可能使孩子再次出走。同样，如果家长因怕孩子再次出走而不敢说不敢问，甚至百依百顺，孩子则可能以出走要挟家长，变得任性、骄横。

（6）把心理咨询的电话号码告诉他们，教会他们向社会倾诉烦恼，寻求帮助

如今，电话心理咨询这种"只闻其声，不见其人"的方式，既可为咨询者保密，又可避免当面对话、羞于出口的尴尬，而且又是免费服务。只要打个电话，便会有人听你诉说，为你解忧。《中国青年报》的"青年热线"，《中国少年报》的"知心姐姐"电话，以及全国各地的中小学生咨询电话，这些心理咨询机构都可以为少年服务。家长如果能把这些电话号码告诉孩子，他们就多了一个不见面的朋友，对他们的心理健康将起到积极的作用。

4. 我爱发脾气

案例：

我女儿今年9岁，原来脾气不错，也很听话，可近年来，动不动就与我顶嘴，有时比我还凶。叫她把自己的书桌、床铺收拾一下，她却不耐烦地说："烦死了，真啰唆！"好好跟她说："电视不要看得太多，功课要做好。"她却回你一句："不用你管，我知道该怎么做。"然后，依旧我行我素。总之，她感觉很烦，我们也很恼，真不知道我现在该怎么办。

情绪冲动、自控力差，严格地说是指因情感特别强烈，理性易失控的心理现象。不会控制情绪的孩子往往会做出一些未加考虑的行为，而这种行为又往往会产生一些不良后果，如课上会影响老师上课，课间又会与同学发生争吵、产生冲突。尽管事后与他们分析，他们会表示后悔，但他们在事前很少考虑后果，遇事全凭一时冲动。

这种性格在孩子身上表现为因为某件小事就使自己的情绪处于激动状态。例如当遇到一些挫折，或出现自己认为不合理的情况，或受人恶意中伤时就容易爆发，产生冲动，轻者大喊大叫，动手打人，严重者可能对生活悲观失望，产生轻生的念头。

显而易见，冲动会给孩子的生活带来消极影响。处在这种状态下时，孩子对自己行为的控制力与对周围事物的理解力都会大幅度降低，容易意气用事，缺乏"三思而后行"的理智，往往容易做出一些不该做的事。

心理学家认为，孩子情绪冲动的原因，主要有三点：

第一，年幼的孩子，神经系统的兴奋过程和抑制过程虽然都有发展，但兴奋过程仍占优势，导致由于一些细微小事就能引起其强烈的情感反应，所以在行为上容易引起激奋，又不能约束自己，从而发生冲动行为。

第二，因为孩子年龄小，知识贫乏且经验不足，辨别是非的能力低，容易造成感情用事。他们的情感是不稳定的，遇到喜欢的就愉快，遇到厌恶的就不高兴，不能有意识地控制和调节自己的情感。

第三，个别儿童从小娇生惯养，心理发展不平衡，导致了任性暴躁、容易冲动的性格。或是因为常常受到父母打骂，形成暴躁性格，不能控制自己，因而会出现冲动行为。

孩子发脾气时，往往会跟父母纠缠一段时间。很多父母为避免麻烦，就全依孩子的心意去做，力求在最短的时间内解决问题。但这样只会间接鼓励孩子用发脾气的方式达到自己的目的，所以此时父母一味迁就、忍让并不可取。

面对好冲动、爱发脾气的孩子，父母应该怎样帮助孩子学会控制情绪呢？

（1）根据具体情况，采取相应措施

如果是出于孩子年龄小致使感情有冲动性、易变性的特点，家长不必担心，因为随着年龄的增长，辨别是非能力的增强，他们控制和调节自己情感的能力会逐步改善。此时可帮助孩子提高认识，丰富知识，树立是非观念，使他们能够对事物的好坏、美丑、善恶进行鉴别和评价，并在此基础上培养起相应的爱憎、好恶的情感。还要教育孩子学会克制违反社会要求的个人愿望，使自己的情感服从于社会要求，并且牺牲个人利益去维护集体利益。

如果有些孩子是属于神经兴奋和抑制不平衡，兴奋占优势而产生的冲动，家长可教给孩子一些克制情绪的方法，预防冲动的发生。如提醒自己"不要感情用事"，或强迫自己"考虑一下后果"，这样做可以使情感状态达不到爆发的程度。应该说，冲动的控制在很大程度上也取决于一个人的自我修养，因此家长可鼓励孩子陶冶情操，做一个讲道德讲文明的好孩子。

如果孩子出于好奇引起冲动办坏了事或搞坏了东西，家长不要打骂孩子，而要耐心地引导，讲清把东西损坏了是很可惜的，要求他们以后做事要细心、认真，并启发和帮助他们对感兴趣的事情进行探索。

如果孩子是因为被娇生惯养导致的暴躁，容易冲动，家长应进行反思，变无原则的溺爱为有理智的严爱，在生活中做到既满足孩子合理的要求，又能对于一些无理的要求进行耐心说服，坚决制止，不一味迁就。此外在家庭中还要营造一种温暖、和谐、文明的环境，这对孩子的健康成长大有益处。

（2）在掌握孩子情感特点的基础上，运用正确的方法处理孩子的冲动行为

自然消退法：如孩子与伙伴吵架时，家长可以暂时不予理睬，让孩子们自己去处理，因为他们有时也会主动地和好如初。

冷处理法：如有的孩子出现"人来疯"现象，家长一时难以说服孩子，这时可采取冷处理，不理他，等客人走后，再对他实施适合的教育。

转移注意力法：如两个孩子因争一个玩具而哭时，家长可用另一游戏

转移其注意力，他们立即会破涕为笑。

（3）尽量做到使孩子在合理范围内有充分表达情绪的权利

孩子能够充分地、合理地表达自己的情绪，是孩子心理发育基本健康的标志。但孩子毕竟是孩子，他的情绪、表达方式难免会有偏颇，有时会发生对自己和他人都不利的情绪过激现象，例如孩子因发脾气与别的孩子争吵打架，可能伤着自己和对方；冲着长辈和老师发脾气则是不礼貌的行为；或者脾气上来碰头捶胸、摔砸物品等都是不合情理的。遇到这些情况时，父母不应视而不见，而要采取一致意见进行严厉制止，让孩子知道发泄情绪也应有一定的界限，自己发泄情绪不应损害别人的利益和损坏物品。尽量鼓励孩子用语言表达自己的情绪，告诉他遇到问题时要讲道理，说原因，而不要动不动就闹情绪、发脾气。

（4）家长要为孩子树立良好的榜样

孩子情绪易冲动，经常给别人或自己造成麻烦，他们常常打架、争吵、自以为是。大人们往往认为这是孩子不成熟或道德发展不良的表现，而事实上，冲动除了个人因素外，还与家庭生活环境、文化因素的影响有关。所以要改善孩子的行为，家长应当以身作则、言传身教。

父母对孩子比较粗暴，动不动就训斥孩子，孩子对各种事情没有任何解释和发言权，这样会使孩子减少或缺乏学习用语言正确表达情感的机会，也就有可能最终学会粗暴待人等不良习惯，这会对孩子的未来造成消极影响，不利于孩子以后的生活和事业。

家长对孩子的管教要一致，在爱中还要有要求，使孩子懂得为所欲为的做法是绝对不被允许的。同时家长要有修养，要善于调控自己的举止行为，遇事时不要太冲动，要好好商量，坚持正面教育，改变那种动辄打骂的教育方法，让孩子在你的行为中学会如何待人处事，要时刻掌握用冷静理智的态度来对待孩子。

另外，一定要让孩子多参加集体活动，经常与小伙伴交往，学会用冷静、谦虚的态度去对待发生在身边的一切矛盾。长此以往，就会形成理智而冷静的人格特征。

总之，随着神经系统的发展和心理水平的提高，以及成人的正确教育，孩子自制力逐步发展，他们的冲动行为是会相对减少的。

5. 不要以命令的口气和我说话

"达达，不要吵了!"

"达达，把电视关上!"

"达达，睡觉去!"

"达达，去洗碗!"

"达达，去写作业!"

......

达达在梦中被这些声音吵醒，揉揉眼睛，他多想推开门对妈妈说："你们不要总是命令我这样那样。"

现代观念认为孩子是发展中的个体，具有独立的人格和鲜明的个性心理特征，在向周围世界学习的过程中，他们处于主体地位，是学习的主人，我们应培养富有创造性和主动精神的孩子，让他们在探索中发现，在发现中提高和成长。因此，了解孩子、尊重孩子、激励孩子、诱导孩子是成功的教育方法；强迫责令，以成人为中心，往往使孩子被动，收不到好效果。命令的方式应慎用，绝对不能滥用。喜欢下命令的家长总是强迫孩子做事情，不但不能引导和影响孩子具有良好的习惯，反而会有很多弊端：

(1) 易造成亲子隔阂

很多家长都觉得孩子就应该听自己的话，殊不知这种思想是错误的。命令式的口吻会使孩子产生极强的逆反心理。或许在年龄小的时候，他们还因害怕你而被迫遵从，但是随着他们自我意识的逐渐强大，这种逆反心理表现得更加强烈。这个时候，如果你还采取命令的口吻，他们感觉到这种口吻的气息后，就会产生封闭式的抵制，置你的命令为过耳秋风。

（2）不利于培养孩子的自主精神和创造力

命令只是一种单向的沟通方式。对于命令，一般我们只能采取遵从和反抗两种态度而已。被命令的孩子通常都会对于命令有种反射性反应，那就是"因为这是命令，所以我才要做"。因此，不管你说多少次，他都不可能自动自发去做。因为那不是他经过思考、内化之后才采取的行动所致。

教养孩子应该采取双向的沟通方式以及让孩子做决定的方法，如此才能达成教育的目的。因为孩子对于自己决定的事会拼命努力去完成的。而身为父母的我们，则扮演帮助孩子做决定的配角即可，不必喧宾夺主去替孩子做决定。

因此对待孩子，尽量采取公平、平等、协商的口吻，千万别利用命令来压制他们。

（1）有事多商量

比如提醒孩子该做作业了，可以这样说："到时间了，你是不是该做作业了？"而不要直来直去地说："别看电视了，快去做作业！"再比如请孩子给家长做一件事情，可以这样说："你能帮我把那件衣服拿来吗？"而不是："把那件衣服给我递来。"如果孩子帮你做了，你还要记得说一声"谢谢"。这样，孩子就会感觉你很尊重他，心情会很愉快，而且也很愿意听家长的话。

（2）有错多引导

家长对待孩子，要像对待成人一样，不要有一点错就板着脸指责他，而是应该委婉地指出来，尽量避免伤害他的自尊心。如孩子的作业字迹太乱，家长可以这样说："你做作业的速度挺快的，真不错。不过，要是能再把字写得整齐好看一点就更好了！我相信你要是认真写，一定能行！"

家长越是尊重孩子，孩子就会越自尊，越是自尊，他就会越注意修正自己的言行，以便赢得别人的尊重。因此，委婉地指出孩子的缺点反而会比赤裸裸的训斥效果要好得多。

当然，具体情况还得具体对待，对于孩子的坏品行、坏习惯等原则问题，父母不必委婉，但也不可采用训斥的方式，而是要平等而又严肃地与他谈话，指出其危害性，要求其改正，并订出一些惩罚措施。这样的态度比打骂责备更容易让孩子接受。

（3）给孩子以充分的尊重

即使再小的孩子，也是应该得到尊重的人。

美国心理学家罗达·邓尼说过："父母错了，或违背自己许下的诺言时，如果能向孩子说一声对不起，可以帮助孩子建立自尊，同时能培养孩子尊重人的习惯。"可我们却常常忽略这一点，总认为他还是个小孩子，不懂什么！在潜意识中，有的家长可能会认为他是我的孩子，我有权也有责任管他的一切。殊不知，这样不仅会阻碍孩子的成长，而且常常伤害了孩子的自尊。长此下去，不仅会影响父母和孩子的关系，甚至还会使孩子形成不健全的人格。

链接

美国人教子十二法则

（1）归属法则：保证孩子在健康的家庭环境中成长。

（2）希望法则：永远让孩子看到希望。

（3）力量法则：永远不要与孩子斗强。

（4）管理法则：在孩子未成年前，管束是父母的责任。

（5）声言法则：要倾听他们的声音。

（6）榜样法则：言传身教对孩子的榜样是巨大的。

（7）求同存异法则：尊重孩子对世界的看法，并尽量理解他们。

（8）惩罚法则：这一法则容易使孩子产生逆反和报复心理，慎用。

（9）后果法则：让孩子了解其行为可能产生的后果。

（10）结构法则：教孩子从小了解道德和法律的界限。

（11）二十码法则：尊重孩子的独立倾向，与其至少保持二十码的距离。

（12）四W法则：任何时候都要了解孩子跟谁在一起，在什么地方，在干什么以及什么时候回家。

6. 我们不需要沟通

现在，一些家庭里，孩子和父母形同路人，彼此极少沟通。父母不禁感叹："孩子为什么不和我们说话？"

也有父母纳闷：孩子感情咋就那么淡？

田先生平时工作很忙，他和儿子说话越来越少。眼看着儿子就要中考了，田先生想抽出时间多陪陪儿子。可儿子反应很冷淡，对田先生的主动提问也是敷衍了事。田先生清楚地记得几个月来，儿子对自己说得最多的一句话竟然是："爸，给我点钱。""现在的孩子怎么了，难道我们父子关系现在只剩下金钱了吗？"田先生无奈地说。

每天不到 6 点就起床做好早饭，看着孩子上学后才匆忙去上班，下班后顾不上喘口气又是洗洗涮涮。段女士一天的精力大部分放在她正在上高一的女儿身上。除了一些生活中非说不可的话，从小活泼好动的女儿面对母亲时显得很"内向"，而女儿和同学打电话时却滔滔不绝。这让当妈的段女士既羡慕又生气。她说："我为她付出了那么多，到头来还比不上她的同学。"

孩子心声：父母管得太多！

随机调查了几名十几岁、正处于青春期的学生。他们普遍表示自己和父母缺乏沟通，有时候会出现长时间不说话的现象。

一名初二的男生说，他的父母根本不了解他内心在想什么。他平时和父母说话都是小心翼翼的。"有一次，我和爸妈提到了一个明星，他们就觉得我心思没有放在学习上，把我大骂一顿。"从此以后，他在家里变得沉默寡言。许多学生说，父母在家要么很少耐心地和他们说话，要么就是唠叨。"父母唠叨起来就像《大话西游》里的唐僧，让人受不了。"

当这种现象越来越普遍的时候，我们不得不反思，是什么让孩子和父母"形同陌路"？

追究其根本原因，很大一部分在于父母，父母的忙碌、冷漠、唠叨、不信任、不尊重等等，让孩子的那些心里话"望而却步"。久而久之，孩子就不敢也不愿意去倾诉，代沟越来越深。

怎样消除这种隔阂呢？我们建议家长朋友们做到如下几点：

其一，要尊重孩子的选择。孩子是一个独立的个体，现在由父母在照顾其健康成长，但孩子总有一天要脱离父母保护的羽翼，走向自己独立的生活。那么，让孩子逐渐地学会进行合理分析并选择自己的喜好、意愿，就是家长很明智的做法了。当然，出于一种保护的心理，家长可以提出自己的见解，让孩子真正理解自己的经验之谈，并把自己的意见当作一种参考。如此一来，孩子就能逐渐养成一种对自己的选择、决定负责的行为习惯和思维方式。

其二，要调动孩子的兴趣。与孩子交谈，如果家长有一种良好的愿望，想要孩子能接受的话，不要只是单纯地下达死命令，试试用一种平和的心态，一种新颖的方式来调动孩子的兴趣。因为，兴趣是最好的老师。

其三，要掌握孩子的心理。不要认为家长是天生就会当的。实际上，家庭教育这一项有很多的技巧方法需要学习掌握，而儿童心理就是其中一项很关键的因素。家长要学会向孩子学习，以孩子的方式、角度来告诉孩子自己的观点。还要陪孩子聊天、做游戏，在陪伴孩子的过程中了解孩子的想法、孩子的精神需求和个性特点。只要掌握了孩子的心理，再循循善诱，以一种亲切平等的态度去与孩子交流，沟通成功是可以期待的。

家长与孩子进行沟通时还应该注意沟通的方法。这包括语言的沟通、非语言的沟通、情感的沟通及亲情的沟通。语言的沟通是最常用也最直接的沟通，是家长与孩子普遍采用的方法。非语言的沟通则使彼此体会到另一种心灵的交流。情感的沟通也是十分重要的，人与人之间的心灵共鸣是能够产生无穷大的力量的。而亲情的沟通用在此也很合适，因为家长与孩子之间首先存在的一个天然纽带就是血脉亲情。成功的沟通就是把这几种沟通方法有机地结合起来灵活运用。

在父母与孩子沟通的过程中，还要注意几个方面的问题。

（1）创造良好的家庭氛围，父母要相亲相爱相敬

有的父母整日忙于工作，只把家当作休息和睡觉的地方；有的父母在家中说一些消极负性情绪的话，如对社会不满等。如果孩子在青少年时代常常感觉不到快乐，也会出现消极抑郁情绪。父母之间感情冷淡甚至出现争吵等不良家庭氛围都会给孩子的情绪带来不良影响。

（2）父母要懂得关心自己

如果父母本身就有抑郁、焦虑的情绪，在和孩子沟通的过程中，就无法理解孩子的思想。只有父母本身是快乐开朗的人，才能用更宽容的心去

理解自己的孩子。所以，父母也要经常检查自己的情绪。

（3）父母要学会了解孩子

针对不同个性的孩子，父母还要能采取不同的沟通方式。如花时间倾听孩子说话；对孩子提出的所有问题，都耐心、老实地做出回答；认真地对待孩子提出的看法；从来不对孩子说他比别的孩子差；每天都抽时间和孩子单独在一起；不用辱骂来惩治孩子；不存在家长完全不能和孩子讨论的问题；花时间陪孩子做一些有益的事情；让孩子有机会真正做决定等。

（4）父母要多了解自己的个性特点

父母本身固有的某种个性弱点会带到和孩子沟通的过程中，若不注意控制，对良好的沟通是一个很大的威胁。父母一定要注意自己本身的个性局限，以便于能顺畅地和孩子沟通。

（5）尊重孩子，并给予孩子较大的发展空间

很多时候，父母过多的爱带来的不是孩子的健康成长，而是发展空间的缩小、压抑。一份尊重孩子的态度，一个适度放松的心情将会给孩子和自己带来呼吸的空间，会换回更大的发展。

（6）适时地发现孩子的情绪障碍

如果孩子已经出现情绪障碍，这时父母经过努力仍然无法与之沟通，可以把孩子带到医院的心理门诊咨询。经检查如果发现是焦虑症或抑郁症，可以给孩子进行抗抑郁药物的治疗并辅以亲情的关爱。

通过运用一系列的技巧、方法和手段，家长就可以在与孩子的接触交往中知道他们在想什么、爱什么、恨什么，对他们思想中出现的某种偏见随时随地进行教育，帮助他们逐步树立正确的人生观、价值观，指导他们

学会"做人"。总而言之，家长与孩子的有效沟通是家庭教育的基础，家庭教育又是学校教育和社会教育的基础，学校教育和社会教育是家庭教育的继续和延伸，家庭教育、学校教育和社会教育密切配合，就能使孩子在成长过程中少走弯路，取得整个教育的最佳效果。

7. "我的地盘听我的"

　　给孩子私人的空间，让孩子有自己的时间。理智型的孩子需要高度隐私，如果不能获得属于自己的空间和时间，他们就会感到烦躁和焦虑，因为他们只有在自己自由的时间和空间里才能回顾一些事情，并获得在日常事物中体验不到的安定情绪。因此父母要给孩子足够的私人空间和时间，注意时空管理。

　　现在许多家庭的孩子都是独生子女，再加上父母望子成龙心切，对孩子的要求多之又多，恨不得孩子是个全才，今天发表大作，明天上台演出，后天出国留学。由于父母的这些要求，使得孩子有学不完的东西，今天上作文补习班，明天上舞蹈艺术班，后天学英语等等。结果孩子没有一点属于自己的时间。在父母的这种高压政策之下，孩子的特长不仅得不到发展，也很难成为父母所希望的全能型人才，急功近利的教育，完全是拔苗助长，贻害无穷。因此，家长要重视孩子的个性发展，同时社会各界尤其是学校要注重孩子的全面素质发展，不要单纯地以分数来论孩子的短长。只要孩子心智发展全面，将来就能成为一个对社会有用的人才。

　　那么，怎样才能给孩子一个自由空间呢？方法很多，"独角戏"就是其中之一。"独角戏"不仅能给孩子广阔的空间，帮助孩子学习专注身边的事物，更能帮助他们发掘自我和培养创意，为孩子日后的学习打好基础。

所谓"独角戏"就是让孩子单独活动，给孩子自主权。

让孩子演好"独角戏"，家长应该注意以下几方面：

• 保持恰当的距离

在训练孩子的独立能力时，父母不能紧紧地盯着孩子，这样孩子会感到很不自在；也不能干涉孩子玩，否则孩子就没有自由发挥的空间。父母要和孩子保持一定距离，给孩子自由的空间。当孩子遇到困难时，父母要给予指导，帮助孩子树立信心，战胜困难。当孩子沉浸在游戏中时，父母应该慢慢退出游戏，但不要让孩子觉察到。

• 给孩子选择时间的权利

父母要留心选择训练孩子独立能力的时间。一般来说，孩子吃饱了、休息好了，是"独自玩耍"的最佳时间。睡醒之后也是训练孩子独立能力的大好时机，这时候可以让孩子自己玩15～30分钟。父母不要只想到自己的时间安排，当孩子需要父母时，不要因为忙碌而把孩子安排在玩具堆中。

• 给孩子提供适合的玩具

玩具是孩子独自玩耍的亲密伙伴，根据孩子的喜爱，可以给孩子多提供一些玩具，让孩子有所选择。例如软棉球、胶圈、小汽车、积木、盒子等等，都是能训练孩子的好玩具。在婴幼儿时期，父母就让孩子演好"独角戏"，当孩子进入学习时期，给孩子自由的空间，这就能很好地训练孩子的独立能力、创造能力，使孩子的心智得到全面发展。许多孩子没有自由的空间，不得不学各种各样的课程，这不仅让家长们的钱包变瘪，而且消耗孩子大量的精力，对孩子的健康成长也很不利。有了宽松的时间和空间，孩子才能迸发出创造的火花。如果一味要求孩子做他们并不感兴趣的事，会使他们产生厌烦心理。

为了使孩子将来能较好地融入社会，引导他们学会处理人际关系非常重要。家长要尽可能带孩子出去玩，鼓励他们与同龄的小朋友进行交往，并且要允许孩子有自己的小秘密。所谓"秘密"，就是隐蔽起来不让外人知道的事。每一个正常的人都有秘密，当然孩子们也不例外，没有什么值得大惊小怪的。假如一个人什么秘密也没有，那么这样的人也太平淡无奇了，就像是一片没有绿洲的荒漠。关键问题是孩子心中秘密的性质如何，作用如何，对孩子的成长有何影响。

孩子心中的秘密，依据存在的范围看，有学习中的秘密，也有生活中的秘密。比如：考试即将来临，有的孩子给自己定下目标，争取在全班进入前几名，这个目标是给自己定下的，在没有实现之前，是不让别人知道的，这就是学习中的秘密；在班委会中，每个班委都在为本班做贡献，假如其中一位班委工作非常出色，那么其他班委心中就有一种紧迫感，暗暗给自己定下工作目标，计划如何开展班级活动，调动同学们的积极性和创造性，加强班集体的凝聚力，这就是工作中的秘密；生活中的秘密可就复杂多了，比如喜欢交什么样的朋友，崇拜什么样的人物等等。

孩子心中的秘密，一般是相对的，具有针对性。有只让家长知道的，对老师和同学来说是秘密；有只让老师知道的，对家长和同学来说是秘密；有只让同学知道的，对家长和老师来说是秘密。或者出现更多的交叉情况。比如说，有的孩子对老师和同学隐瞒其父母的文化程度及知识水平，怕被老师和同学瞧不起；有的孩子对老师和同学隐瞒其家庭自然结构。家庭自然结构对孩子健康有直接的影响，这里主要指不完整家庭，即由于离婚、遗弃或其他原因造成的不完整家庭，尤其是离异或遗弃，对孩子的影响最大。

孩子心中的秘密，依据作用的正负效果来看，有所谓"好的秘密"，也有所谓"坏的秘密"。前者指对孩子的成长有良好促进作用的，比如前面所提的学习中的秘密和工作中的秘密；后者指对孩子的成长有消极影响的秘密，比如前面所提的家庭自然结构的秘密。当然我们不能简单地把秘密划分为好或坏，关键看秘密对孩子成长的作用和影响以及如何作用于孩子的内心世界。

在我们的生活中，许多父母提到孩子的隐私问题，都会觉得不以为然，认为小小的一个孩子，没什么隐私可言，孩子在父母面前不应该存在丝毫秘密。为了能更好地了解孩子，父母看看孩子的日记或信件是天经地义的事。

然而，这些父母的做法往往会遭到子女强烈反感和抗议。父母们有这种想法，完全是把孩子当作自己的所有物，一个附庸品，而没有把孩子当成一个具有完整人格的独立人来平等看待。更有甚者，习惯于对孩子过度保护和包办一切的教育方式。当发现孩子对自己有所保留，竟千方百计地翻看孩子的书信和日记，然后把其中的一些内容当作孩子"错误行为"的证据，拿去指责孩子，结果伤害了孩子的自尊心。

当然，这些父母的出发点并不坏，他们担心子女出事，有时也确实是为了更多地了解子女。但是，那种方法是不可取的。因为每个人都有不想或不愿被人知道的事情，孩子也是一个独立的人，他们也不例外。父母换个角度来考虑，假如孩子偷看了父母不愿意让人知道的信件或日记之类的东西，父母的感觉又怎样呢？因此，父母只有把孩子当成一个独立人来看待，保持孩子和自己在人格上是平等的心态，才会尊重孩子的隐私。

孩子的秘密也是孩子生活的一部分，没有秘密的孩子长不大。孩子的秘密中有着成功的喜悦，失败的痛苦，有对人生的困惑和对理想的追求，有着独立解决一些涉及人生的问题。当父母不尊重孩子的秘密时，其结果肯定是孩子对父母反感，不信任父母。一旦双方形成隔阂，彼此就难以沟通，父母就无法了解孩子。所以父母在对待孩子隐私的问题上，必须注意以下几点：

• 要有正确的态度

要知道孩子心中秘密的存在是很正常和普遍的事，没有什么值得大惊小怪的。家长应以从容不迫的态度，认真、仔细地对待这些问题。不要一有风吹草动，就草木皆兵，如临大敌。要客观地分析这些秘密。有的秘密或许只能孩子自己一人知道，就让这一份秘密埋藏在孩子的心中，让它成为永恒。如果什么都想知道，其结果可能是什么都不知道。

• 要注意引导方法

家长应根据孩子的兴趣、爱好及才能，允许自由选择，不必多加干涉，并努力创造一些条件，发展和发掘孩子的内心世界，减少神秘感，培养独立意识和创造精神。家长应全面了解孩子的学习状况，辅导孩子完成家庭作业。指导孩子正常地与人交往，对孩子进行青春期性教育等等。家长应多与孩子谈心，这种谈心不是父母和子女间遮遮掩掩的交流，而应是热忱的平等交流，只有这样才能谈出一片新的天地，从而了解到孩子心中的秘密，并根据秘密的性质和作用，尽量帮助孩子减少心中不必要的秘密，以减轻心理上的负担。

• 长期培养孩子对父母的信任感

兑现对孩子的承诺，不能兑现也得说清理由，取得孩子谅解。

• 承诺为孩子保守秘密，一定要守信

需要揭秘时，应鼓励孩子自己揭，而不是父母做主包办。

8. 我自己知道该怎么做，不需要你们管

你们知道造成你们孩子不幸的最可靠的方法是什么吗？那就是他要什么便给他什么。

——卢梭

情景一：

吃饭时间毛毛想吃点心，妈妈把点心放到他面前，正要一口一口地喂他。

毛毛嘟哝着小嘴说："妈妈，我会自己吃的！"

"你会吃？不行！待会还不吃得满桌子、满身都是。"妈妈坚决反对。

"你自己吃得慢，等你吃完了，饭都凉了，吃到肚子里会不舒服的。"奶奶也这么说。

情景二：

小雨的妈妈每次都陪着宝贝儿子去上游泳课。她要么把小雨带到女生更衣室去帮他换衣服，吓坏一些小女生，弄得小雨小脸红红不好意思。要么就是跑到男生更衣室去帮小雨换衣服，弄得男泳客人心惶惶，又不好意思叫骂。下了课也是一样，帮小雨洗头、洗澡、换衣服，旁人又要受到一

阵骚扰。而上课的时候，小雨的妈妈更是一旁穷紧张。似乎恨不得从岸上跳下水池帮小雨抓住手脚，纠正其姿势。

相信很多年轻父母都曾如此感叹，这一代的孩子行为能力不及小时候的自己。每当孩子的表现不如自己预期时，做父母的常会说："我像你这个年纪时早就会……哪像你到现在都几岁了，还什么都不会。"

其实若父母们肯扪心自问，孩子会有今日差强人意的表现，是否也是做父母的自己疏于教导、宠出来的呢？很多孩子到了上学年纪，还不会自己吃饭、自己穿鞋，原因无他，因为父母觉得让孩子自己吃，会吃得到处是饭粒，会吃很久，所以做妈妈的基于要快又干净的标准，干脆喂一喂比较快。

不让孩子练习，又期待孩子自己吃得快又干净，这可能吗？

对孩子来说，在他的发展道路上，每前进一步都是要付出代价的。他们时时刻刻都在接受外界新鲜的事物，面临着一个个"困境"。做父母的，出于疼爱、呵护孩子，不舍、不敢、不想让孩子受到一点痛苦与挫折，一旦孩子被"困难"弄得手足无措，就亲自出马把一个个本应该由孩子自己解决的问题给拿掉。这不是剥夺了孩子自己做事的机会和权利吗？

家长总是一厢情愿地认为，在无微不至的关心照顾和完善的物质条件下，孩子就会无忧无虑地健康成长。可结果却往往与家长的心愿背道而驰：孩子并没有更加快乐，相反地，还在生活中碰到大大小小没完没了的问题，甚至和家长有了若隐若现的隔阂。如果父母细心观察孩子的话，他会发现孩子的独立意向。3 岁的孩子就已经开始有了自我意识，有了"自己来"的想法。这时候，过多的"爱"反而会扼杀孩子的好奇心、求知欲以及自我成长的锻炼机会。

关爱孩子是必须的，但不能放任自己的感情，以关爱的名义过度介入孩子的生活细节。孩子独立学习或玩耍时，不要从旁干涉，指手划脚；在孩子不接受自己关爱或反感时，要及时察觉，纠正做法，不能一味从孩子身上找问题，更不能在孩子表示反抗后发脾气，强迫接受自己的关怀。

切记：在娇惯溺爱环境中长大的孩子一旦步入社会就会产生不同程度的问题。要么感到手足无措，在彷徨中失去生活的信心，永远"长不大"；要么就走上反抗社会、铤而走险的道路。所以我们建议：

（1）多给孩子一点自主权利和选择权，让孩子做自己能做的事

孩子的独立性是在实践中逐步培养起来的。随着他们身体的发育，大小肌肉群的逐渐成熟，心理能力的不断提高，从不会做到逐渐学会做，从做得不像样到做得井井有条，这是必然的规律，也是必经的过程。从中孩子也获得了自身的发展。一位著名幼儿教育家说过这样一句话："我看过了，我忘记了；我听过了，我记不清了；我做过了，我就记住了。"这段话充分说明了动手对于幼儿的重要性，这就要求我们在独立性培养中一定要重视"做"的过程。

在日常生活中，从孩子身边的一些小事开始，如：他们自己穿脱衣服，自己收拾玩具，自己睡觉等。比如，在家里孩子的房间中，给孩子设置一个单独的区域，区域内的东西摆放、活动进行都由孩子做主，让孩子在自己的区域中活动，成人可参与活动但少加干涉，给孩子一种小主人的感觉。在这个过程中孩子感受独立做事的乐趣，培养他们自己事情自己做的意识。另外，日常生活中的许多琐碎小事，都是对孩子进行独立性行为训练的良好机会，成人应尽可能把自主权交给幼儿。在买衣服、玩具时，

应让孩子参与选择（在不影响整体原则的情况下，尊重、采用孩子的选择），这样才能促进和激励孩子动手去做。在力所能及的前提下，让幼儿为班上和家庭做一点小事，如帮老师取一样东西，帮父母到附近商店买小件日用品等等，尽可能为孩子提供锻炼独立性的机会。

（2）利用游戏的机会培养幼儿的独立性

意大利著名的教育家蒙台梭利十分重视对孩子进行独立性培养，她说："教育首先要引导孩子沿着独立的道路前进。"她认为，儿童自身有巨大的发展潜力，主张尊重儿童的自主性、独立性，放手让他们在活动中发展。她认为，教育者应成为儿童发展的观察者、引导者、援助者。游戏是幼儿形成社会适应能力的重要途径。要尊重幼儿对游戏主题、角色的选择，并在游戏进行过程中有意识地培养孩子的独立性。孩子们在游戏中发生了矛盾和争吵，教师不必急于出面干涉，尽可能让孩子在矛盾情景中，学会正确处理人与人之间的关系，学会自己独立解决纠纷，形成独立解决问题的能力。

有一次，两个小朋友为争一本书发生纠纷，各不相让，都要先看，一名幼儿说："我先拿的这本书，你让我先看吧。"另一名幼儿说："我也想看这本书，你要先看，我就没有看的了。"你会想到他们下一步如何处理吗？

他们争执了一会儿，一名幼儿说："咱俩一起看吧，我讲给你听。"另一名幼儿表示赞同。很多时候，幼儿的能力比我们想象的要高出很多。放手让他们去做，对于幼儿来说，既是能力的培养，又是经验的积累与丰富。

（3）培养孩子独立思考的能力

我国著名儿童教育家陈鹤琴先生说过："凡是儿童自己能够想的，应当让他自己想。"遵循这样的原则教育孩子，就能培养其独立思考的能力。幼儿具有好奇好问的天性，对待他们所提出的问题，成人应启发他们自己动脑筋去想，去寻求答案。

在一次"认识空气"的科学活动中，一个孩子问老师，玻璃瓶里有空气吗？老师没有直接回答，而是把玻璃瓶放进水盆中，孩子们惊奇地发现一个个小泡从玻璃瓶中冒出，便纷纷说："有气泡，有气泡。"这样，他们自己得到了答案，显得非常兴奋。

（4）培养孩子克服困难的精神

在培养孩子独立性时，往往同时需要培养孩子克服困难的精神和毅力。对于幼儿来说，自己穿脱衣服，整理和收拾玩具是需要付出努力，克服一定困难的。不要一见孩子碰到困难就立即代劳，而应鼓励他去克服困难。还有的成人明知应要求孩子克服困难坚持自己去做事，但只要孩子一哭一闹，立刻心软而妥协，依顺孩子，从而前功尽弃。

（5）父母应注意自身个性素质的提高，给幼儿提供正确的仿效楷模

儿童的模仿学习大多来源于父母，所以在日常生活中，父母要为孩子提供良好的行为楷模，时刻注意自己的形象，表现出较强的独立性和自主性，对孩子独立品质的形成起到潜移默化的教育作用。还应尽可能抽出一些时间陪孩子玩，给孩子提供更多的接触模仿机会。家长个性中不利于孩子独立品质形成的因素如遇事缺乏自制、缺乏主见、优柔寡断等等，应注意努力克服。

（6）重视儿童个性的全面发展

对儿童进行独立性培养不能忽视幼儿个性发展的和谐性、统一性。儿

童的某些品质，如自觉性、自制力、坚持性等等，是和独立性的形成相关联、相渗透的，是形成独立性品质的良好心理背景。所以，把独立性格的培养与其他个性品质的培养结合起来，可起到相互促进、相辅相成的作用。孤立地进行独立品质培养，往往事倍功半，难以取得理想效果。未来是属于孩子的，孩子未来的路要靠他们自己去走，未来的生活要靠他们自己去创造。我们疼孩子，爱孩子，就要给孩子提供一个自由成长的环境，让他们自己创造生活，享受成长的乐趣。

如果你想培养出一个独立性很强的孩子，你就需要为他提供独立做事的条件，改掉自己什么都插手的毛病。看看以下句子，敬请对照检查，是否是你经常犯的通病？

"如果你需要什么，就来找我，我在这儿等你。"（保护）

"我会有办法的，宝贝。"（援助）

"我会让那个小朋友的爸爸妈妈邀请你参加他的生日会的，放心吧。"（溺爱）

"你累了，宝贝，去睡会儿吧，我给你做。"（代劳）

想一想你必须杜绝这些行为的原因。清楚地告诉自己，这些行为将无法开发出孩子的独立品格。

每一位妈妈都应该明白，与其每次都为孩子服务，不如做个"懒妈妈"，向孩子传授自我服务的方法，让孩子学会为自己服务。

训练孩子自我服务时，"懒妈妈"应该坚持由简单到复杂的原则，鼓励孩子做一些力所能及的事情。比如，先让孩子自己脱裤子、脱鞋子，然后再教孩子穿的方法。如果孩子暂时不会，可以慢慢练习，不过要天天学，天天练，不仅孩子需要有耐心，妈妈更需要有耐心。

在"懒妈妈"的示范下，孩子会渐渐掌握自我服务的方法，从此，孩子就会自愿地去做这些事情，而不需要妈妈每次都帮忙。

要知道，孩子生来并不是要人照顾的，他们的依赖性多半与父母的包办代替有关。父母包办、代替得越多，孩子的依赖性就越强，选择的机会就少了，做决定的机会当然更少，就会养成凡事依赖父母的习惯。反之，如果父母不插手孩子可以做的事，孩子没有了依靠，就会自己开始动手做了。总之，只要家长有意识地锻炼孩子独立生活的能力，放手让孩子自己去走人生之路，孩子会比家长们想象得更独立、更成熟。

9. 交朋友是我自己的事

交际，是人生的幸福。

——莎士比亚

情景一：

一位家长中午回家，打开家门，发现上小学五年级的儿子正和两个同学"大吃大喝"，碗筷摆了一桌。儿子见妈妈回来了，忙站起来，叫了声："妈！"她没应声。两个同学站了起来，叫了声："阿姨，您回来了！"这位家长一声没吭，径直走进屋里，砰地关上门，半天没出来。吓得孩子和两个小伙伴慌忙溜走了。到了晚上，孩子回到家，没有吃晚饭。尽管父母轮番相劝，孩子还是滴水未进，而且一连几天食欲大减，情绪低落，打不起精神，没有笑容。母亲这才后悔不迭。

情景二：

美琪的好朋友小丽，经常到美琪家玩。可是，每次小丽走后，家里都会变得一片狼藉，玩具扔得到处都是。一次，爸爸对美琪说："千万不要向小丽学，你看家里被她弄得多乱，这种孩子没有人会喜欢的。"

听了爸爸的话，美琪非常不高兴，噘着小嘴对爸爸说："不许你这样说我的朋友!"说完就闷闷不乐地进了房间。

聪明的父母,不是不许孩子交朋友,而是应该帮助孩子交朋友。当孩子带着小朋友到家里来玩的时候,有的父母就显出非常不耐烦的样子,甚至当着别人的面,朝孩子发火,说些不中听的话。父母不尊重孩子的朋友,也就等于不尊重孩子,使孩子的自尊心受到严重的伤害。如上述情景一中的母亲对孩子伙伴的冷落,不仅使孩子感到她不给自己留面子,而且使孩子感到对不起"小朋友",甚至感到"无颜见伙伴"。父母尊重孩子的朋友,也就是尊重孩子本人。孩子会在家长的尊重中得到自身的欣慰和心理的满足,也会得到小朋友、伙伴的认可和接纳。

孩子需要朋友,而且孩童时代的友谊是非常珍贵的。朋友的缺失不仅使孩子的童年极为孤独,而且对孩子的身心健康极为不利。因此,父母应该珍视孩子的朋友,通过赏识和尊重孩子的朋友,培养孩子团结友爱、协作互助的良好习惯和健康的心灵。

家长要知道,赏识和尊重孩子,就应该支持孩子的社会交往、尊重孩子的朋友,这样不仅可以让孩子感觉到父母对他的尊重而更加信赖父母,而且还可以促进孩子之间的友谊和交往,促使他们互相帮助、互相学习。

有一位作家母亲在这方面就做得很好,她的孩子小的时候,小朋友们总是到家里来玩,尽管他们叽叽喳喳吵得她无法写作,她也一点不烦,而且宁愿停下来不写文章,也要让他们玩得开心。等孩子大一点的时候,她还常常留她的朋友在家里吃饭。去年暑假里,她的女儿约好了和另外三个朋友到省城的一个公园里去玩。为了保证她们的安全,也让其他孩子的父母放心,她便放下自己的写作,跟他们一起去了。她对她们说:"你们想怎么玩就怎么玩，我只是给你们当当保镖和摄影师。"女儿后来跟她说："我的朋友们都羡慕我有个好妈妈。"她笑着说："是吗？能得到你的朋友们的表扬，我也很高兴啊。"

培养教育孩子最大的一个前提是必须尊重孩子，这也包括要尊重孩子的朋友，不能限制孩子结交朋友的自由。孩子能够正常、自由地与人结交，既有利于形成孩子健全的人格，使孩子的心智得到全面的发展，也有利于孩子汲取他人的长处，学到融入社会的技巧。特别是对于独生子女来说，父母能够充分尊重孩子结交朋友的意愿，学会不带任何偏见不设置任何障碍地善待孩子的朋友，就更显得至关重要。父母们应该：

（1）告诉孩子必要的交往前提

当孩子怀着兴奋的心情，准备进入学校的时候，父母就要有意识地进行择友的引导。父母要告诉孩子和正直的人、诚实的人、爱集体的人、爱学习的人交朋友，不能与品德低劣、染有恶习的人交往。因为孩子年龄小、阅历浅，所以父母除了讲道理之外，还应介绍一些名人交友的故事，马克思和恩格斯的伟大友谊，鲁迅和瞿秋白的交往等，让他认识到择友的重要，和应该选择什么样的朋友。

（2）尊重孩子的意愿

在孩子交往过程中，尽管需要父母的指导，但父母也要尊重他们的意愿，让他们拥有一定的自主权。在选择朋友方面，父母和孩子的意见常常会不一致，只要对方不是品行太差，还是尽量先尊重孩子的意见，然后在他们交往的过程中，进行积极的引导和帮助。父母还应欢迎他的朋友到家里来做客。这样做，既可以表示自己对孩子的尊重，也可以进一步密切与孩子的关系。

（3）赏识孩子朋友的优点

赏识孩子朋友的优点，让孩子在与小朋友的交往中主动学习，克服自己的缺点。小强有一个坏毛病，就是自己的东西总乱扔一气，结果到用的时候却怎么都找不到。后来，他认识邻居家一个叫芊芊的小女孩，两个人经常在一起玩儿。小强的妈妈发现芊芊非常爱干净，自己的东西也从来都是整理得井井有条。于是，妈妈问小强："你和芊芊是好朋友吗？""当然是啊！"小强回答妈妈。"好朋友就应该互相学习，你看芊芊多爱干净，总是把自己的东西收拾得整整齐齐，你能做到吗？如果你做不到，芊芊可能就不会和你做好朋友喽。"后来，小强果然改掉了乱扔东西的坏习惯，自己的东西也收拾得整齐多了。其实，孩子之间的互相学习跟大人在交往中互相学习是一样的，只不过孩子们的学习比较简单和直接罢了，而这恰恰是孩子们所需要的。

（4）帮助孩子在交往中学会交往

近年，国际上经常举行"国际夏令营"之类的活动，其目的就是引导青少年从小学会交往和培养"领袖素质"。青少年与同龄人交往，他如果是一个受欢迎的人，就会在同龄人团体中有一个重要的位置，不仅可以培养他与众不同的领袖素质，而且可以帮助他尽早摆脱对父母的依赖，而成为一个独立意识较强的优秀人才。当然，与人交往和做朋友，就必然遇到不同家庭背景与个性各异的孩子。如果您的孩子能够在交往中学会和各种不同性格的同学打交道，那真是一笔宝贵财富，将来他进入社会也能够左右逢源，不至于因不善交往而失去各种发展机遇。

（5）做好孩子交往的场外指导

作为家长，我们可以将自己社会交往的经验教训讲给孩子听，也可以与孩子讨论交朋友的规则和注意事项。家长如果对孩子的朋友不够了解，可以向自己的孩子做些了解，也可以将孩子的朋友当作自己的朋友，亲自与他们接触，但目的不是"下逐客令"，而是给他们积极的影响和正确的引导。

但孩子的朋友应该由他自己来选择，父母是不能包办代替的，也不应过分干预。

（6）当孩子结交了不大好的朋友时

万一自己的孩子出现这种情况时，父母切不能采取简单粗暴的方式方法，而应该细致地做好思想教育和积极防范措施。一般来说，当孩子结交了不好的朋友并犯了错误的时候，绝大多数孩子会怀着既悔恨又害怕的心理，这正是父母对他们进行细致教育的良机。如果父母采取简单粗暴的方式方法，则会让孩子产生对立情绪，甚至破罐子破摔，以致在错误的道路上越走越远。正确的做法应该是，先耐心地弄清情况，再诚恳地与孩子进行感情沟通，说明孩子犯的错误，既有孩子自身的责任，也有父母疏于防范、关心不够的责任。在找到亲子两代心灵上的共鸣点以后，再进行教育，提高孩子的认识，进而再与他研究如何严加防范的具体措施。必要时，还应与学校、有关方面联系，终止孩子与不良朋友的交往。

10. 妈妈，你在威胁我

不要让孩子的心灵装进惧怕、忧虑、悲伤、憎恨、愤怒和不满，这些情绪和情感有害于孩子的神经，引起身心虚弱，影响身体健康。

情景一：

在商场的化妆品专柜旁，妈妈正在饶有兴趣地挑选着。旁边的女儿围着专柜不停地跑，还喜欢动手摸摸展示的试用品，时不时还跟妈妈来一句："我要买这个，我要……"终于，妈妈受不了女儿的纠缠，转过头去严肃地说道："从现在开始，你不要一直乱跑，你再跑，旁边的警卫就会把你抓走关起来！"小女孩看了看旁边的警卫，连忙乖乖站好。

情景二：

诺诺无理取闹，父亲说："你哭吧，大灰狼来了。"孩子四处看看，虽然有些害怕，但还是哭。父亲又说："你再哭，公安局来人抓你了！"孩子哭得更厉害了。这时母亲走过来做一个打针的姿势说："你再哭就给你打针。"孩子抖成一团，渐渐地不哭了——晕过去了。

情景三：

妈妈晚上给小琪讲故事，小红帽的故事，可讲到大灰狼把小红帽的外婆吃掉，突然忘记了后面的……看小琪不出声了，妈妈就以为他睡着了。等妈妈刚起身，小琪突然叫住妈妈，妈妈赶快躺下。虽然小琪后来终于睡着了，可是妈妈的噩梦也开始了。

小琪9点半睡着，10点半哭醒，然后妈妈见他不停地翻身，踢被子。他睡妈妈旁边的小床上，夜里2点半尿床一次，4点半又尿床一次，从小床爬到大床上，终于安稳地睡着了一会。妈妈不到7点起床，算一下，估计加起来睡了2个小时。

妈妈一直在想为什么会这样，小琪只是有点流鼻涕，而且鼻子没堵，以前咳嗽都不会像这样不消停。后来终于想到是大灰狼，故事没讲完，他很害怕，而且以前小琪不肯睡觉，闹半个小时还玩，他爸爸就说有大灰狼和大黑猫在楼下找不肯睡觉的小朋友。这样的事情起码发生了3次，所以小琪就很恐惧大灰狼。

孩子年龄小的时候，难免会有任性不听话，甚至哭闹的，这时，有的家长可能会讲道理，有的家长会冷处理，还有的家长也许会使出吓唬的招数："你再哭，就让警察叔叔把你带走！""外面这么黑，小心有大灰狼啊，它们专抓不听话的小孩！"更有甚者，个别人还有可能说："你再不听话，就送你上幼儿园。"

家长这么一说，在孩子的心目中，"警察""幼儿园"这些好的也被说成可怕的了。警察本来是正面人物，惩恶扬善的角色，这个时候一说，就好像他们才是专治孩子不听话的怪物；幼儿园本来是很开心快乐的地方，这么一加工，也变成了一个可怕的地方了。这种说法哪里是在教育孩子，根本是在误导孩子，所以，吓唬孩子的做法实在不可取。

其实，这种吓孩子的习惯还是来自古老的遗传。即使现代父母日益重视和孩子的相处之道，但是在被孩子折磨得头晕脑涨、无计可施的情况下，吓孩子的话还是容易脱口而出。恐吓的实质就是一种精神暴力，是以镇压为手段，达到控制孩子的目的。人都是不喜欢被镇压的，我们这些成年人，如果被恐吓、被威胁，内心会充满愤怒，会有一种反抗的欲望，即使暂时慑服于恐吓者的威压，也只会被动地服从，不会主动、愉快地完成指令，更不可能创造性地将事情做好。己所不欲，勿施于人，我们自己都讨厌被控制、被恐吓，又怎能以同样的态度去对待孩子呢？

孩子最相信的人是家长，他们受到家长的恐吓后，只知道害怕，而不知道为什么害怕，这种害怕对孩子的身心发育极为不利，而且使他们对外界产生错误认识。从心理学角度讲，家长恐吓孩子的负面影响远远超过孩子目睹可怕事情的影响。事实上任何东西一经歪曲形象后都可以用来恐吓无知的孩子。恐吓孩子有百害而无一利。孩子哭闹时，大人应该耐心、温和地劝解，缓和地抚平孩子的激动情绪，并转移他们的注意力，使孩子对大人提出的新问题产生兴趣，从而自然地停止哭闹。至于孩子睡眠、吃饭、穿衣等常常不配合家长的问题，家长要用讲故事、表扬、鼓励等方式启发诱导孩子积极响应家长的要求，切忌使用恐吓的方法。

恐吓造成的最大问题，就是不安全感，由此引发焦虑。很多心理问题，诸如忧郁、胆怯、自卑、嫉妒、缺乏责任感等等，也由此而生。

幼童阶段是人格形成的重要时期，父母的不当话语对孩子影响极大。

恐吓孩子的影响：

（1）敏感度高，容易赖皮

经常被恐吓的孩子，一般都变得比较敏感，稍微有一点变化都会引起情绪上的波动。但是时间一长，他们也容易察觉到父母说的话只是在吓唬人，对大人的信任和依赖感大大降低，也不再害怕或听进大人的话语，反而更容易变成赖皮、顽皮的孩子。

（2）缺乏安全感，容易受伤

害怕会让孩子对外部世界产生不安全感。这种压力会导致孩子的身心健康受到影响。很多孩子会在受到吓唬以后提不起精神，甚至有的还会有些不良的生理反应发生，如：呕吐、肚子疼等。

如果父母的恐吓过于厉害，会使得原本就缺乏安全感的孩子更容易受伤。比如"不听话就把你卖掉"就很容易让孩子感到不安，随时担心会失去父母，也容易怀疑父母对自己的爱，虽然会因此而听话，却也让孩子形成容易恐慌、害怕、缺乏安全感的个性。

（3）胆小怕事，缺乏主见

小时候受过吓唬的孩子，长大后会表现出胆小怕事，缺乏主见等。为了"不被警察抓走"或"不被卖掉"，孩子会变得比较顺从，尽量听令于父母、讨好父母，以便自己能留在父母身边，但是却失去了判断事情的能力，这对于孩子的人格发展极为不利。

（4）阻止孩子对外界事物的探索兴趣，不利于孩子的认知发展

对于孩子来说，他对外面的精彩世界充满了好奇，他想积极地探索，从而来认识它、了解它、控制它，这样，他才会掌握更多的知识。与此同时，孩子的认知能力也得到了很好的发展。

如果家长对孩子不恰当地运用了吓唬，孩子就会没有主动探索的欲望，会变得很安静，但是他也将失去更多的优秀品质。对他的认知能力的发展也不利。

11. 我的兴趣我做主

我们应该当心，凡是有益于儿童的事情，都应该使得他们快快乐乐地去做，在他们对于一件事情还没有做厌以前，我们便应该及时设法，使他们改做别件有益的事情。……至少也要在没有感到疲倦，没有十分做厌以前就放手，使他们再想回头去做，如同再想回到一件使他们得到消遣的快乐事情一样。

——洛克

情景一：

小文因为看电视突然对萨克斯产生了兴趣，恰好他的舅舅就是一个优秀的萨克斯手，妈妈想也许可以在这方面培养孩子的兴趣，还可以得到舅舅的指导。于是给小文报了学习班，但是，刚学习了半月，小文就抱怨练习枯燥，不想再上学习班。妈妈又让他坚持了两周，最终因不忍看到儿子痛苦的表情，放弃了让小文继续学习的计划。

情景二：

6岁的小丽最近很苦恼，她不愿意去舞蹈学校学跳舞，可又拗不过妈妈。小丽是父母的宝贝，为了培养小丽的艺术气质，一年前，妈妈给小丽在一个舞蹈学校报了名。小丽已经学了一年的舞蹈，她差不多每次训练结束都是挂着泪珠回家的。她告诉妈妈，她很怕老师给自己压腿，实在是太疼了。小丽常常天真地问："妈妈，如果我生病了，是不是就可以不去跳舞了？"

情景三：

青年演员袁泉在很小的时候，喜欢乒乓球的父亲一心希望她将来成为一名优秀的乒乓球运动员，还把她送进体育运动学校。可是，父亲逐渐发现女儿并不喜欢乒乓球，她喜欢的是文艺表演。在幼儿园进行的文艺表演中屡屡获得小朋友的喝彩。

这时的父亲没有再拿自己的希望来压迫女儿的兴趣，而是尊重孩子的兴趣，开始培养孩子的文艺才能，于是不仅造就了女儿今日的成绩，也为喜爱她的观众培养了一个出色的演员。

兴趣就像是一张高扬的风帆，有了"帆"，"船"才能远航。越是感兴趣的东西就越愿意花时间去学习，越是感兴趣的活动就会越主动积极去参加。孩子也是如此，对他们感兴趣的活动，注意力集中的时间就会相对较长，能够积极主动地参与到活动中去；反之，如果他们不感兴趣，他们就会产生厌恶情绪，很难集中注意力，会做一些小动作或是想一些与之无关的东西，就会使学习效率大打折扣。

面对社会上许多不同种类的兴趣班，家长在为幼儿选择时，应考虑到幼儿的感受，了解孩子对哪些内容感兴趣。因为对他们来说，自己感兴趣的东西，也就是他们很好奇的东西，他们就会很自动地去探知、学习。所以家长应尊重幼儿的意见，与他们共同协商、选择合适的兴趣班。

此外，为幼儿选报了兴趣班后，家长也不必非要孩子学出什么样来，家长应把自己的心态调整好，保持一颗平常心：为孩子报兴趣班，不就是培养孩子的学习兴趣吗？这个过程是重要的，结果是次要的；只要孩子坚持下来了，那就达到效果了。不切实际的期望，会给孩子带来过多的压力，会让他们失去生活的兴趣，会让孩子最终自卑而让家长最后失望，最终摔惨的不仅是父母，更是孩子。儿童应学的事情，绝不应该变成儿童的一种负担，也不应该当作一种任务加在他们身上。世界上有成就的政治家、科学家、艺术家，主要得益于个人兴趣、导师指教和社会机遇，与父母的高标准要求没有多大关系。所以家长们应该：

（1）发现、尊重和引导孩子的兴趣

对于兴趣，我们有一个不确切的提法——培养兴趣，但在实际上，可以培养起来的兴趣微乎其微。父母和教育者更多的任务是，发现孩子的兴趣，尊重孩子的兴趣和引导孩子的兴趣，将他们无益的兴趣逐步淡化，而把有益的兴趣引导到能够成就个人价值的方面。

（2）让孩子尽情地玩

玩是儿童的天性，也是他成长的途径。他们在玩中发展眼、鼻、手、脚等感官功能，立体地理解知识和世界，促进心智和体能发展。孩子爱玩的东西大多与他的兴趣有关，父母们若想了解孩子的兴趣，可以先去了解他们在玩什么，只有先了解孩子，才能真正帮助孩子。当然，孩子是需要指导的，从安全和社会规则出发，还要告诉孩子，哪些活动不能玩，在玩中必须遵守哪些规则等等。

（3）重在全面发展，而不必过分突出兴趣

尽管兴趣对于孩子的发展是重要的，但在幼儿和童年时期，孩子接触的领域毕竟有限。对于大多数孩子来说，难以真正通过选择兴趣而最终选择他们的职业。所以，在幼儿和中小学时期，我们应该更多地帮助孩子全面发展。随着年龄的增长和知识的积累，他们会在更广泛的领域选择他们的兴趣和他们最终的发展方向。

（4）放松对孩子的期望

父母对孩子兴趣发展所确立的标准要适当，要考虑孩子自身的特点和能力，不能主观地用过高标准去要求孩子。对孩子的要求更应该合乎实际情况和发展规律，不能要求过高、过急，要一切以孩子的发展为前提。

链接

面对时下流行的各种幼儿兴趣班，父母容易走入的误区：

误区1：只重结果，忽视过程

学琴的父母只注重孩子学会了哪支曲子；学画的父母只注重孩子是否画了一幅完整的画；学珠心算的父母只注重孩子算得是否快；学跳舞的父母只注重孩子是否学会了跳支完整的舞。

只看重结果，无论是给孩子还是给老师都带来了巨大的压力。其实教孩子，学习的过程远比结果更重要。在学习的过程中，能调动他们多个器官、多种感觉，培养多方面能力。比如学习弹琴，手眼耳的协调非常重要，耐性、毅力、战胜困难的能力决定着他是否能学习下来，而经过自身努力战胜困难后的成就感也使他心情愉悦。贯穿在孩子学习过程中的这些品质，父母可能看不到，但却对孩子的未来影响深远。

再有，在学习过程中，一些基本功可能只是学习中的一个小节，比如跳舞，一个舞步要练好长时间，给父母的感觉是孩子几次课什么正经的也没学，但实际上，基本功的训练是为让孩子能完整跳下整个舞蹈而打下良好基础。基本功如果不扎实，学到一定程度可能就学不下去了。

误区 2：周末上兴趣班如同赶场，没了亲子时间

有些父母不在乎花钱多少，在周末给孩子报了一个又一个兴趣班，英语、影视表演、钢琴、滚轴；孩子忙，父母也跟着一起忙。本来上一星期幼儿园就没多少时间陪孩子，而周末又全用来上兴趣班了。

孩子在这个年龄段是离不开亲情的，与父母在一起，是使他们心理正常发展的基础，如果忽视幼儿心理以及亲情的交流，你会发现孩子变得不听话、爱发脾气等等。今后容易与子女在心理上产生隔阂，难以沟通。

一味地给孩子报各种兴趣班，容易使孩子疲劳、厌倦。今后他可能对什么都知道一点儿，但对哪个都不精。不如只选择一两项重点学，学会了再学其他项目。孩子如果在哪个项目上特别有潜力，就要多花时间重点培养。

误区 3：把自己的理想强加在孩子身上

有些父母小时候条件不好，没能实现理想，而有了孩子后，就把理想寄托在了孩子身上。比如一位父亲，英语顶呱呱一直是他的梦想，他就让孩子从小上英语班学习英语，而成绩稍有不好就一通批评。

孩子是一个独立的个体，他有自己的想法。他知道自己喜欢什么不喜欢什么，如果大人把自己感兴趣的强加给孩子，让孩子担负起父母的愿

望，那孩子的负担就太重了，孩子学习起来就是一个痛苦的过程。因此，应该尊重孩子的兴趣，让他挑选自己感兴趣的东西。对于感兴趣的事，孩子能学得又快又好。而父母自己的理想，还是自己努力去接近目标吧！

误区4：认为坐在教室里才是真正的学习，忽视生活中的教育

有些父母忽视自己的能力，认为只有带着孩子上这个班、那个班，让孩子规规矩矩地坐在小椅子上听老师讲课，才是真正的学习，对生活中的知识反而视而不见。

重视孩子的教育，无疑是最值得的投资，但不能一味地投资却忽视孩子的感受。既然是兴趣班，就一定要从兴趣出发。只要孩子有兴趣，就能自主学习，快乐地享受学习的乐趣。

12. 反正我也学不好，甭费劲了

案例：

（心理咨询所）

一对父子前来咨询。40 多岁的父亲很焦虑，他说，为了儿子的前途，从小对他的学习抓得很紧，为了不让他分心，家中事从不让他操心，也控制他学习外的事和交往。他小时候很听话成绩很不错，可初中开始越来越差了，考进的是很一般的高中，现在学习不用心只想法子上网，而且与父母的沟通越来越少了。

儿子是被母亲哄来的，情绪有些消沉不太愿说话。他说自己的成绩在班上前五名，但不是快班而是"渣滓"班。小时候曾获得过全国舞蹈比赛一等奖，爱好足球，是校队的主力前锋，但父亲说影响成绩不让参加这些活动，父亲还严格控制他看电视上网、不让买 MP3 和手机。对这些，他表示理解，因为父母是为自己好。但自己是没希望考上好大学了，已经"废"掉了，学也没什么意思了。对话中，透露出对未来的茫然。

像这样抱怨自己孩子不爱学习、不思上进、爱好另类、不想上学、不愿回家等的家长为数不少，同样，类似上面那位有着自暴自弃消极心理的孩子也不在少数，由此可以看出家庭环境与孩子成长之间的应对关系，家庭环境存在明显缺陷的，孩子发生心理问题的几率明显高于家庭关系和谐的孩子。那么，家庭环境中的哪些现象容易使孩子产生自卑心理呢？

　　一般说来，家庭忽视孩子的个性差异，不尊重孩子的独立人格，对孩子成长期望值过高以致急功近利、包办代替，对孩子物质生活过分关心照顾，对孩子的自由过分管制或放任自流等，都会直接影响孩子的成长，使其产生各种心理问题。比如，父母对孩子在学习成绩上提出的希望和要求较多的是满足自己的意愿或从面子出发，过早地明确应对孩子成人后的社会竞争，使孩子总是达不到这个要求，产生对学习和未来的畏难恐惧心理；如封闭孩子在家庭责任、课余爱好等个性发展的其他许多空间，让孩子难以体验到成长的成就感和快乐感，那么自卑心理就很容易产生了。而自暴自弃易使孩子"丧失"努力成长的目标。

　　无数事实证明，考不到高分不等于是"渣滓"，考不进好学校不等于"废掉"。每个人可以有不同于别人的目标，只要有目标就同样有成功的可能，考高分和上好大学也只是有成功的可能，而没有目标才是最最可怕的。对任何人来说，关键是要有健康的心理和乐观的心态，保持对未来的企盼和信心。

13. 打死我也不改——倔强的"萝卜"

倔强、反抗是幼儿发展过程中常见的一种行为，倔强的孩子较容易有反抗行为，然而倔强的孩子不一定不好。从坚持度来说，倔强代表有毅力，有主见。为了让他们将来能成为一个"讲道理"的人，父母不妨用启发的方式，慢慢引导孩子把倔强变成一种正向的力量，去做合理的判断和有效的思考。

教育倔强孩子，对家长来说，确实是一件麻烦的事，但你应该看到，倔强孩子往往有他独立的见解和个人的意志。孩子能坚持自己的意见和主张，即表示具有强烈的自我意识，是为了加强和发展自己地位的表现。你若以粗暴的态度去对待，孩子就会同你"顶撞"，倘若你听之任之，则更助长其"犟脾气"。因此，教育倔强的孩子应多动脑筋，多想办法才行。

以下一些方法，提供父母作为参考：

（1）避免情绪失控

当孩子出现倔强、反抗的行为时，父母应避免使用权威的口气或方式来教训孩子，而应拿出一点"办法"来。首先深呼吸，不要让自己跟随孩子的生气情绪，然后试着和他讲道理，教他学会尊重别人，并学习控制自己的情绪。

（2）转移注意力

当您感觉到孩子开始浮躁不安时，可用他感兴趣的事或物品吸引他，来转移他即将爆发的情绪。譬如："妈妈今天听到一个好听的故事，快点过来，妈妈讲给你听！"或"宝贝，你不是和妈妈说想要一个×××吗？跟我说说你的想法！"

（3）离开现场

父母的干预越多，孩子倔强的脾气可能越强烈。当孩子在闹脾气时，有时是带点试探的性质。父母表现得越在乎，他可能越过分、越吵闹。所以，在不会影响到其他的情况下，就试试让他哭个够，等他安静下来后，再去处理。

（4）戏剧角色的扮演

用游戏的方式引导孩子，无论是在学习或行为矫正上，常会有意想不到的功效。善用孩子的语言或喜欢的卡通人物来做适当的引导工具，让父母和孩子之间的对话更具趣味化与游戏性，以化解孩子的情绪。

（5）提前报告

如果父母要终止孩子的游戏，而不想让孩子产生反感、抗拒时，要预先告知，让孩子心理有所准备。对于有时间观念的小孩，可以在五分钟前预告一次，然后每一分钟预告一次；对于没有时间概念的小孩，可用钟或表的长针来做指标，告诉小孩："当这根针从×走到×时，就要×××了。"这样就能以理性、和平的方式，解决孩子的坚持。

（6）适当使用隔离法

孩子变得不可理喻时，可让他一个人独处，但必须注意隔离处的安全性，且不能是会让孩子感到恐惧的地方，例如：黑暗的小房间或不熟悉的地方。

（7）满足需求

当孩子正努力组合一张拼图或搭积木时，却要他尽快去洗澡，孩子通常会表现出不愿意的态度。其实对于孩子的这种坚持，反而是值得表扬的，若父母硬要孩子放弃，孩子反而容易养成半途而废的性格。

（8）尊重孩子的意见

对于反抗、倔强期的孩子，一定要站在他的立场看事情，不管做什么事都尽可能尊重孩子的意见，不过分干涉。有时明知道可能做不好，也应让他体验一下。此外，在他做不好的时候，偶尔可以正确示范一遍给他看。

（9）面对面沟通

父母有时不免会主观认为，孩子应该听话、顺从，而不应该反抗。其实，不妨把专制、命令的语言沟通形式改为双向的沟通，让孩子有表达意见的机会，并试着去了解不合理的原因，探索合理的条件，建立自我约束的行为。

（10）恩威并用

有时不妨运用处罚的方式，例如取消例行的玩玩具、买玩具、看电视、去超市、吃肯德基等活动，但必须要让孩子明白处罚的原因。处罚过后，也别忘了给他一个温暖的拥抱，让他知道处罚归处罚，爸妈还是爱他的，或者可以把他带到一个安静的地方谈谈心。

链接

教育孩子，国外一些方法可借鉴。

法国："给孩子宽松的环境，多给他们一点自由。"这是法国家庭教育专家们从成功与失败的家教中总结出来的经验。法国家庭"望子成龙"的愿望与我们有些家长并无二致，他们常常给孩子安排一系列课外课，孩子们的学习负担因此加重。为此，巴黎的街心都给孩子们留出一些空地来，或当旱冰场，或做自行车练习地，或用来搭建滑梯、秋千和跷跷板等，孩子们在那里玩得非常开心。

德国：德国提倡的口号是——培养一个完整的人，因为孩子是一个活泼的完整的人。德国幼儿教育的特色是把教育的责任归之于父母，认为婴幼儿阶段父母是家庭教育的主人。德国宪法明文规定：教养儿童是父母的自然权利和义务，政府对幼儿教育站在辅助的立场上，真正担任教育责任的是父母。

德国 80％以上的孩子对自己的印象颇好，特别是他们感激父母在人格、修养方面对自己潜移默化的影响。孩子们欣赏的共同特征可概括为：勤奋、认真、按计划办事、言而有信并值得信赖。

尽管德国家庭普遍较富裕，但孩子们从小就养成了相对独立的习惯。他们较少有依赖他人的意识。大部分孩子在中学阶段就有打工挣钱的经历，特别是在假期。中学毕业或到一定的年龄后，孩子们会在父母的指导和自己的选择下离开家庭或家乡到外面去开创自己的生活道路。

丹麦：年轻父母经常把孩子"搁"在住所外的院子里午睡，只是偶尔从楼上的窗户往下看看。丹麦人的思想比较"超前"，不少人认为，孩子"独自在外"有利于培养他们的独立意识。

比利时：儿童每天上学轻轻松松的，倒像是去童话王国玩了一天。没有家庭作业，一半的课程是让他们动手制作模具。老师常常带孩子们去郊游，参观各类博物馆。孩子们谈起拿破仑、二次世界大战、爱因斯坦、居里夫人等等，如数家珍。

14. 我不要"空头支票"

为了孩子，我的举动必须非常温和而慎重。

——马克思

情景一："失望的画笔"

早上妈妈要去上班，我不想让她走，拽着她胳膊不让她出门。妈妈似乎有些着急，开始给我做"思想工作"，对我说："妈妈不上班要犯错误的。"我摇头："不干！"妈妈第一招失败，又说："老师说小朋友要听话的，禧禧听妈妈的话，好不好？"我还是摇头："不好的。"第二招又失败，妈妈突然想起了我比较喜欢画画，所以就说："妈妈上班可以赚钱钱，赚了钱钱给禧禧买画笔好不好？"我一听到画笔，心里就高兴了："好的。"满怀希望地跟她挥手"拜拜"，放她给我买画笔去了。好不容易等到了晚上，妈妈终于回来了，我伸出手等她把画笔放到我手上，可是妈妈居然一脸茫然，手上什么东西也没有。她竟然没有带回画笔！这太让我失望了！

情景二："让人无奈的老妈"

虽然妈妈还没到更年期，但是她老是忘记自己说过的话，比如说这个周末要陪我去看《变形金刚》，下个周二，要带我去检查视力，我担心到时候，又要我去提醒她，还好，我已经习惯了；还好，我也不是"斤斤计较"的人。

妈妈老是说她忙，忙得有一回还忘了去开我的家长会，害得第二天我挨了老师的批评。唉，摊上这样一个老妈真是无可奈何啊！

唯一让人安慰的是老妈勇于"承认错误"，善于"检讨自己"，这不，我只好原谅她了。

没有信任就没有威信。父母失信于孩子，害处是相当大的。比如：

（1）失去孩子的信任

因为孩子有时并不能真正了解事情的原委，所以会认为父母说话不算数，从而不再信任父母。以后父母再要求孩子什么，答应孩子什么，在孩子心中都会打折扣，使得父母与孩子的交流、沟通出现障碍。而且，家长会失去自己在孩子心目中的威信。家长的威信从哪里来？主要基础就是自己的言行。说话算数、说到做到的家长，会使孩子重视他们所说的每一句话。

（2）给孩子树立负面榜样

如果父母常把对孩子的承诺不当回事，会让孩子觉得一个人可以说话不负责任，答应的事也可以不办，这可能会让孩子变得不遵守诺言、不承担责任，或是总以猜忌、多疑、不信任的态度对待其他人。这对孩子的社会交往、人格魅力的形成都是很不利的，会对孩子的一生造成影响。

（3）影响亲子关系，造成隔阂

父母越是用所谓的"权威"强迫孩子就范，孩子就越是怀疑或不相信父母，从而与父母之间出现矛盾、隔阂，影响亲子的感情交流和相互信赖，甚至出现逆反——父母越是让孩子往东，孩子越是要故意往西，使很多原本不该出现的问题尖锐化。

所以，作为父母一定要做到说话算数，切不可为了达到某种暂时的目的而欺骗孩子，对孩子撒谎。

父母与子女之间的相互承诺也应像与成人的交往一样认真对待，它不仅是与孩子交流的一种合理形式，也是培养孩子健康人格的一种教育手段。当孩子认识到自己答应了的事情就必须做到时，便有了责任感，从而督促他们学会履行责任，养成良好的道德习惯。以下是一些参考建议：

（1）尊重孩子，做到言而有信

父母要尊重孩子，不要以为孩子年龄小、不懂事，对孩子许下的诺言就不重视，无论能否兑现都不在意。在孩子的眼里，守信用是最重要的。孩子有时会抱怨说大人说话不算数，只是因为他们希望自己的愿望得到满足。

（2）把握许诺的次数

许诺应随着孩子年龄的增长逐渐减少。因为年龄小的孩子，控制能力差，许诺可以多些。随着孩子年龄的增长，有较好的自控能力，许诺次数可以逐渐减少。

（3）慎重许诺

父母的承诺必须有利于孩子的健康成长，起到正面教育的作用。不在孩子面前夸口，胡乱许诺。承诺太多而又不能兑现，使父母在孩子心目中的地位大大降低。还要提醒父母的是，如果孩子提出一些不应该提出的要求，这时父母要有自己的原则和底线，即要把握一个"度"，要清楚地告诉孩子，可以还是不可以。这样就会让孩子渐渐懂得在生活中还有"可以""不许""应该"等一些概念，是非分明，才能促进孩子心理健康发展。

（4）多给精神许诺

许诺包括物质许诺和精神许诺。适当的物质许诺是可行的，但不能过度，否则会滋长孩子虚荣、自私等不良习性。可尽量多地使许诺与有意义的活动相连，如许诺给孩子买书，带孩子去看画展、旅游等，既能调动孩子做事的积极性，又能丰富孩子的精神世界，开阔孩子的视野。

（5）积极应对诺言不能兑现的结果

当父母因为工作等原因影响了诺言的兑现，孩子感到失望、委屈时，父母不可强迫孩子接受许诺不能兑现的结果。应主动而诚恳地向孩子道歉，把不能兑现的原因跟孩子讲清楚，取得孩子的理解和原谅，并在以后寻找适当的机会兑现自己没有实现的诺言。即使孩子暂时无法谅解，也不能用呵斥、教训的方式对待孩子，应该允许孩子发牢骚、表示不满。有时，孩子只是因为已经把事情讲给同学朋友，怕没有面子而生气，只是一时的言行过激。美国儿童心理学家罗达·邓尼说过："父母错了，或违背自己许下的诺言时，如果能向孩子说一声对不起，可以帮助孩子建立自尊，同时能培养孩子尊重人的习惯。"

所以，父母对孩子必须言而有信、以诚相待，这样，孩子才会对父母产生充分的信任感，也才愿意把自己的心里话告诉父母。父母是孩子的镜子，也是孩子模仿的对象，也只有说话算话的父母才能在子女心目中树立起威信来，才能避免因孩子说谎而头疼的事情发生。

15. 不是我的错——听我解释

孩子需要成人的鼓励，就像植物需要水一样。

——德里克

情景一：

爸爸、妈妈带着 4 岁的宝贝女儿逛公园。公园的美景里，爸爸拿着相机开心地将女儿的各种可爱的样子拍下来。女儿也变换各种姿势配合着爸爸。过了一会，孩子可能是累了，烦了，表情中增加了一个不大雅观的小动作——吐舌头。妈妈发现了，大叫："不要吐舌头，难看!"女儿无动于衷，坚持着她乖张的表情。

妈妈正想再次张口纠正孩子，爸爸使了个眼色制止了妈妈，笑着对他的宝贝女儿说："宝贝，把舌头缩回去，好吗?"孩子似乎比较能够接受爸爸的建议，想了想，果然把舌头缩了回去，恢复了可爱的表情。

情景二：

一个孩子在用积木搭建房子，可是他妈妈却在旁边不停地对他说："不对，这块应该放在这里，不对，这块不合适，换一块。"到了最后，孩子觉得很扫兴，也不玩了。

家长要学会解读孩子生命中的现象，当孩子有所表现时，不要总是站在成人的角度否定孩子的行为，不要因为孩子的想法、看法不合乎常理，就横加阻止，这样不仅伤害孩子自我发展的自尊心，也会增加孩子的挫折感。从而使得孩子不敢放手去做自己想做的事情，到了最后，只会使孩子失去学习的积极性。

心理医生说，孩子小的时候，这种被"不要"欺压的感觉会造成信心指数低落；父母要学会尊重孩子的选择与感受，说话时要避免用"不要"这样的字眼儿作为句子的开头，不要让孩子觉得"我在父母眼中一无是处""我总是被动""我没有自由"等。

人天生有保护自己的本能，当一个人总是批评你时，你的大脑很快就形成一个防卫机制，只要一看见这个人，全身细胞就紧张起来，进入备战状态。这个人讲的每句话，你都会先从负面去解释，先筛选可能的敌意，再处理语意。

当孩子想做一件事而有大人拦阻他时，第一次他会勉强顺从，第二次他便不想让大人知道，因为孩子不喜欢被驳回的挫败感觉，久了以后，便什么事都不让大人知道了。这种说话方式会使孩子回避你，而疏远彼此的感情。其实，父母都爱自己的孩子，但是往往在"恨铁不成钢"的幌子下，做些很不得体的傻事，比如语言暴力，比如用"否定句"教育、教训孩子，倒不如换一种商量的、肯定的口气与孩子平等交流，让孩子自己发现应该怎么做，表扬白的，他们自然就不喜欢黑的。

一所教育咨询机构曾经对两千名在校学生做了一次问卷调查，调查结果显示，"住口！"两个字，是孩子们最不愿意听到父母说的话之一。

生活中常常会有这样的情况发生：孩子犯了一个小错，父母单凭自己了解的情况对孩子的行为做出评价和责备。当孩子申辩和解释的时候，父母就会气上加气，心想："你犯了错还狡辩？"于是，对孩子大喊一声："住口！"你能想象孩子这个时候该有多么委屈吗？即使事后你为冤枉了孩子而向他道歉，但对他的伤害仍然无法弥补。

经常被喝令"你不用解释"的孩子，渐渐放弃了为自己辩解的权利。他们背负着很多的委屈，一个人默默承受，而这样的负担可能会造成严重的心理问题。

多听听孩子的解释，让孩子有辩解和申诉的机会，不仅仅是父母赏识孩子的体现，更是孩子应得的基本权利，也是保证孩子身心健康必不可少的一个环节：

（1）申辩可以表露孩子的想法，无论对错，都是一件好事。孩子的申辩是对的，父母就应尊重孩子的意见。如果孩子的申辩是错误的，父母也应该通过摆事实，讲道理，以理服人，以情动人，使孩子心悦诚服。

（2）可提高孩子的分析力、想象力、辩驳力以及推理判断能力。因为孩子要申辩，就要动脑筋分析、思考，使自己的申辩有说服力。这样做，不但可以发展孩子的智力，而且可以提高孩子的口头表达能力。

（3）通过互相就很多事情交流看法，可以加深孩子同父母之间的了解和感情交流，促使两代人之间的感情更加亲密融洽。

（4）通过申辩培养孩子的抗争能力，有利于在前进的道路上，树立起敢于拼搏、敢于斗争的精神。不会说"不"，什么事情都不敢表明自己想法的孩子，以后在生活中遇到重要的事情时，也往往不能够坚持自己的看法，维护自己的权利。学会申辩，是保护自己的第一步。

16. 为什么你可以，我却不可以

情景一：

刚吃完饭，可可就嚷着要吃饼干，妈妈不许："现在不能吃。"

可可说："那你怎么什么时候想吃就吃呢？"

妈妈被噎回去了。

情景二：

妈妈和可可玩游戏，妈妈玩不好，可可说："你真是笨蛋！"

妈妈大怒，斥责可可无礼。

可可说："你昨天还骂我笨蛋呢！你净骂我，我为什么不能骂你？"

妈妈语塞。

作为家长肯定希望从小就把孩子培养好，于是把很多"道理"放在嘴边。应该肯定，对孩子讲道理是必要的。这可以使孩子从小养成"服理""讲理"的习惯，有利于日后形成良好的性格和品德，能够很好地与人相处，对于孩子的智力发展，也很有好处。但是，不能把"言教"作为教育

婴幼儿的主要方式。单纯依靠口头"讲道理",小孩子并不易接受。家长们应该明白的是:

(1) 孩子的学习主要靠模仿

十个月左右的孩子,还不会说话,却能学会"谢谢""欢迎""拜拜"等动作。那是通过模仿学来的。一岁以后,孩子学会的本事就更多了。幼儿园里有一种游戏,老师一边做某种动作,一边说:"请你照我这样做。"孩子们就会高高兴兴地照着做,并说:"我就照你这样做。"其实,在日常生活中,孩子也时时在模仿大人的一言一行、一举一动,这也就是孩子主要的学习方式。人们说:孩子是父母的一面镜子。孩子的举止言行为什么那么像父母(或是主要带他们的人)?原因正在这里。

(2) 孩子的模仿常常在无意中进行

家长的行为动作,往往会在不知不觉中被孩子学去。不仅大人没有察觉到,孩子自己也没有意识到。比如,妈妈不喜欢吃胡萝卜,宝宝也拒绝吃。妈妈给宝宝讲吃胡萝卜的好处,劝他吃,孩子还是不吃。在托儿所里,大家一起吃午饭时,小朋友们都把包括胡萝卜的饭菜吃完了。宝宝跟着也正常地吃下去了。这就说明,妈妈并没有教宝宝不吃胡萝卜,宝宝也并没在生理上拒绝胡萝卜,他是在模仿妈妈的行为而已。在各个家庭里,类似这样潜移默化的影响,比比皆是。

(3) 身教的力量比言教大

婴幼儿的认识活动是具体的。所谓身教,是指通过大人的行动教育孩子。实际行动是看得见、摸得着的生动形象,适合幼小孩子的接受能力和特点。通过语言对孩子进行教育也是十分必要的。但是,语言的教育最好与行动结合起来。同时必须注意,话语要与实际行动一致,不要话语内容意在禁止，语言动作却是在正面强化。

最好的办法是，家长必须注意自身的行为表现。家长以身作则，就是给孩子最好的教育。如果家长在日常的行为举止上能够给孩子提供正确的榜样，孩子自然而然地会养成良好的行为习惯，形成良好的品质。这种教育既不必去花钱，也不必额外找时间去教，既省时、省力、省钱，又有高效能。

作为父母，你的言行是否对孩子有正确的引导？你正在成为孩子的好榜样还是坏榜样呢？

测试一：

妈妈下班回来，看到女儿正坐在地板上翻书，书柜里的书弄了一地，乱糟糟的。妈妈劈头盖脸地就把女儿说了一通，并命令她马上把书都放回原位。而女儿却坚持说这不是她弄到地上的，坚决不收拾。这时爸爸回来，他说是他早上因为找东西，又急着上班，没来得及收拾。这时你会……

（1）立即批评爸爸做事情太毛糙，没有好习惯，而对刚才自己对女儿的错怪，只字不提。

（2）对女儿说：妈妈进来时，就你在房间里，所以我认为是你弄乱的。

（3）马上对女儿说：真是对不起，宝贝，妈妈没弄清楚就批评了你，是妈妈错怪了你，妈妈向你道歉。

测试二：

爸爸让儿子不许再看电视，赶快去写作业，再预习第二天的功课，9 点半前必须上床睡觉。而他自己……

（1）把电视关掉，或是调到比较小的音量看电视，尽量做到不影响儿子的注意力。

（2）继续看电视，并调到自己喜欢的体育台，随着场上运动员的奔跑而欢呼。

（3）儿子写完作业去洗澡时，看到爸爸还在聚精会神地看电视，几乎忘了他的存在。

17. 这样穿才有个性——我喜欢"我型我秀"

一个人的穿着在一定程度上反映了其心理需要和审美取向，带有极强的个性色彩。

随着社会的发展，跟上"时尚"与"潮流"的步伐已成为广大青少年的自觉追求。与此同时，各种时尚潮流的冲击也正逐渐向中学生蔓延，尤其是一些"奇装异服"也已经在孩子们中间流行起来。这在一定程度上给家长和学校的日常管理带来了不少麻烦。因此，如何正确地分析孩子们"奇装异服"背后隐藏的心理原因，引导孩子树立正确的服饰观、审美观也就成为我们当前必须面对的课题。

案例：

打从女儿开始上初中起，陈女士就发觉女儿有些变了，变得特别在意自己的穿着打扮。平时没事在家，女儿总拿面小镜子左看右看，总也看不够。每天早上上学，女儿不管时间多仓促，总要在镜子前摆弄自己的发型，打上很多的摩丝，有时还因此上课迟到。而最明显的变化是，女儿开始对妈妈买的衣服挑剔起来，这件不好看，那件太老土，直逼着陈女士陪她上街买衣服。

发型永远是女儿的烦心事。由于学校规定，女生留长发的一定要绑

81

好，刘海不能过眉，鬓角不能留发，而女儿总是想方设法在鬓角垂下几缕头发，说是显得比较清纯。

前阵子，头发很多的女儿嚷着要去把头发拉直，说是绑起来比较好看，但陈女士一直没有答应，可在女儿的再三哭闹下，陈女士无奈同意了。头发拉直后，女儿还特地剪了个发型，刘海整齐划一刚过眉。

陈女士有些担心，女儿这么在乎自己的打扮，会不会影响到学习？打扮得太漂亮，是不是无形中会造成女儿早恋？

针对这种情况，我们来看一下大家的态度：

家长：不赞成孩子奇装异服。

对于孩子变得爱打扮这一变化，很多家长都有所察觉。

家长认为，孩子很在意自己的打扮是好事。只要是健康活泼的打扮，对孩子的身心健康是有好处的。但是，打扮要有个度，学生要有个学生样，他们不赞成孩子留怪异发型，穿怪异服装。

陈先生的女儿今年上初二，但他并没发觉女儿变得很爱打扮。他认为，孩子爱打扮，可能跟家教有关系，如果父母都很朴素，不追求名牌，孩子应该也不会刻意去追求穿着。一些家庭由于家里条件好，总是尽量满足孩子的需求，给孩子买名牌服装，陈先生认为这种做法不好，学生穿着打扮还是要朴素点。

学校：学生应该有"学生样"。

校方认为，中学生正处于青春发育期，第二性征开始出现，为了吸引异性，学生注重自己的穿着打扮是可以理解的。但作为学校管理者来说，他们希望学生能中规中矩，表现在服装要统一，发型基本统一，如男生不能留长发，女生如留长发要绑好，学生不能染发、烫发等等，这样比较好管理。

校服不好好穿，拉链故意不拉上；里面的衣服故意放得很长，盖过外面的校服，总想与别人有所不同，这可能是孩子这个年龄段的特点，但作为校方，我们不提倡孩子花太多的精力在打扮上。

长期从事学生德育工作的老师们在工作中发现，搞怪异发型和服装的学生不在少数。为此，他们曾针对校服做过问卷调查，发现学生普遍不太喜欢校服，认为自己受约束，体现不了个性。

老师们还认为，中学生虽然已开始有自己的思想和追求，但中学生不同于大学生，他们的判断能力比较低，如果把心思都花在打扮上，势必影响到学习。老师们认为在穿着上，学生还是学生，跟社会青年应该有所区别，不要刻意去染发烫发。再者，现在的学生喜欢穿名牌，一双鞋子，好几百，远超出学生的消费水平，也容易造成学生之间的攀比，学生应该尽量朴实点，言谈举止符合一个中学生的身份。

学生：打扮得好看点没什么。

学生认为，每个人都有自己的特点，如果他觉得什么美，打扮一下自己是无可厚非的。某同学说，在衣着打扮上，学校管得很严，统一穿校服，连发型也规定得死死的，而且老师每天都会查，如果谁的发型太怪异，还会把名字张贴出来。因此很多学生就从里面搭配的衣服、鞋子和书包上做文章，显示出自己的与众不同。

该同学还说，她一向穿着朴素，可看到别人穿得好看，她也觉得有点羡慕。她们班有几个女同学，大冬天只穿两件衣服，外面是校服，里面是一件薄薄的花边衬衫或是黑色低领的秋衣，大家都觉得好看。一些男生，则比较耍酷，故意把裤子穿得低低的，然后摆几个了不起的姿势，显示自己的与众不同。

这位同学的观点代表了大部分同学的心声。采访中，初二的陈同学说，只要不耽误学习，把自己打扮得好看点没什么。美的东西大家都喜欢，女同学打扮得漂亮点，男同学议论得多点，毕竟大家都喜欢美的东西。

陈同学还说，他前段时间留了刘海，可是在老师的劝说下剪了，有点伤心。"其实，我们已经长大了，应该有自己个性的东西，跟大家都留一样的寸头，真是没意思。"

对此，我们认真分析了孩子们追求"奇装异服"心理原因：

（1）爱美

正所谓，爱美之心，人皆有之。在社会青年不断追求时尚服装的时候，心理、生理渐趋成熟的孩子们也不甘寂寞。他们开始追逐成年人的装饰打扮，喜欢刻意地追随潮流，有的甚至追求"奇装异服"。一方面，他们很想证明自己不再是一个孩子，希望自己能够更快地加入到社会流行当中；另一方面，他们希望自己的衣着服饰能够得到大家的认同与赞美，从而使自己在同学们眼里的地位提高，满足自己的爱美心态。

（2）从名

这一时期的孩子们存在一种从名的心理特征。他们对影视歌星、运动员、社会成功人士极为关注，尤其是对前卫名人更是趋之若鹜。当他们崇拜的偶像人物穿什么的时候，他们也要穿什么。于是，我们也能看到不少孩子穿着某球星队服，各种品牌时装，甚至"奇装异服"。

（3）攀比

在一些孩子中普遍存在攀比心理，他们认为穿着新潮就是潇洒，穿着潇洒就比别人高一等。他们对潇洒的理解只停留于事物的表面，未能从实质上看问题。有些孩子看到别人穿品牌时尚衣服就眼红，千方百计地缠着家长要钱买各种社会上流行的服饰，他们根本不管家里的经济承受能力，为的是在人面前吐气扬眉，满足自己的虚荣心理。

（4）追新

中学阶段是人一生中最具好奇心的成长岁月。他们有了一定的社会能力，也能自主地对一些事情进行决策，同时又没有成年人较重的工作、社会、家庭压力，可以真正放开束缚随心所欲地进行一些消费，追求自己喜欢的东西，而新奇的衣服是最能引起他们注意的。有些中学生达到了不奇不要，无奇不买的地步，甚至到了追求怪异服饰的阶段。

（5）求"异"

这一时期的孩子们正处于青春期，他们有的开始对异性产生了好奇，对爱情充满了憧憬和希望，但又羞于向对方表达，甚至怕自己的魅力不够，遭到对方的拒绝。于是他们总是在异性面前不断地表现自己，尤其有的孩子在穿着上更是"奇装异服"，希望自己能够引起对方的注意。

那孩子们的不良衣着会带来什么样的危害呢？

这一时期的孩子大多处于中学，还没有形成正确的服饰观、审美观，如果过多盲目追随潮流，就会形成不良的校园风气，带来诸多危害。

（1）分散注意力，耽误学业

学生在穿衣打扮上如果想得多了，在学习方面就会放松，有的甚至会因此耽误学业。从学生穿"奇装异服"的目的来看，很大程度上都是为了哗众取宠，满足自己的虚荣心，希望自己的衣服得到大家的认同与赞美，希望自己能够更快地融入流行当中。这样一种浮躁的心态又如何能够搞好学习呢？把时间、精力用在不应该的地方，上课走神，学习必然受到负面影响。

（2）额外开支，加重家庭负担

中学生是一个纯消费的群体，没有经济独立的能力，衣食住行完全依赖父母。有些中学生家庭条件并不是太好，但是为了不被人瞧不起，为了虚荣、攀比不顾"家情"，吵着闹着向父母要钱购买自己所钟爱的"时尚衣服"，增加父母的额外经济负担。这是一种没有责任感的表现，是一种虚荣心理在作祟。

（3）顾外失内，道德滑坡

培根曾说过这么一句话：人一旦过于追求外形美，往往就放弃了内在美。有许多学生为了得到想要的衣服，不顾硬缠父母，或是别人穿得漂亮了就妒之、恨之。更有甚者，由于经济不支却又盲目赶时髦，于是铤而走险，采取不正当的手段，哄骗、偷窃家人或他人的财物，酿成大错。

（4）诸多不便，影响健康

中学生阶段刚好是一个人在长身体的关键时期，但是有些衣服，如紧身衣、低腰裤……过紧地束缚身体，从而影响了身体的正常发育；有些特长、特宽的长裤，无领、无袖的短衫等奇装异服，在上下楼梯、做实验、上体育课时，极易发生缠绊、摔倒、划破、溅伤等事故。

专家建议：适度打扮有益心理健康，我们应该从外表感受孩子内心世界。

国家首届心理咨询师刘平超认为，爱打扮是健康的心理状态。

首先，爱美之心，人皆有之，孩子爱打扮，表现出他们对生活和生命的热爱。人都是靠眼睛去感受生活的，穿得漂亮，给人赏心悦目的感觉，是每个人都有的爱美心态，孩子也不例外。

其次，随着年龄的增长，孩子愈发希望引起别人的关注。引起关注的方法很多，如学习成绩、特长，再就是个人的外在形象，表现在外貌和服饰上。一个学习成绩很好的孩子，由于成绩好，他有一种成就感，他就把关注点放在学习上；而另一些孩子为了抓住别人的眼球，他就非常在意自己的穿着打扮。

孩子爱打扮，应该一分为二地看。适度的打扮，给人漂亮、大方、舒适的感觉，对孩子的心理状态很有好处。"人从衣冠"，穿什么衣服会影响人的心情，比如你穿得很漂亮，你就很自信；穿得很邋遢，就很自卑。特别是孩子，他们的心理状态不成熟，漂亮大方的服饰对孩子的身心健康发展有益。

再次，从服装上还可以看出一个人的状态，如果是不修边幅，可能是对生活没有热情；如果很怪异，可能是这个孩子缺乏关注，被忽略，希望吸引更多的关注。比如一个学生他成绩不好，没有表现自己的机会，于是他就在自己的发型上做文章，吸引眼球。

刘平超老师建议，在孩子的穿着打扮上，家长应本着适度的原则，关注孩子的状态。比如说，孩子太不注重穿着打扮，一心一意在学习上也并不一定是好事，有可能是孩子对生活的体验、感知和快乐感不强，他在某方面有所缺失；如果孩子打扮过于怪异，做家长的应多从孩子的外在形象感受他们的内心世界，不要一味地否定他。

每个孩子都有一颗向上的心，他打扮怪异是希望引起关注，这说明他内心有所缺失，有所需要，家长应多了解孩子需要什么。

穿着怪异的孩子并非一无是处，他们叛逆的同时也在创新，他们对社会流行脉搏把握得很紧。孩子追求名牌鞋和包，这是因为孩子需要增加自己的价值感，生活当中需要被人承认。

我们的教育，普遍对孩子缺失肯定，孩子得到的否定和负性的东西太多，如家长经常挂在嘴边的"你考试成绩怎么那么差"，他们缺乏价值感，所以他们需要包装自己，提高自己的价值。

孩子爱打扮、喜欢怪异装扮并不是完全没有原因，我们对孩子应多加引导。由于学习压力很重，孩子缺乏特长的培养、缺乏释放的空间；由于限制过严，孩子缺乏表达展示自己的空间，我们应多给孩子展示自己价值的舞台。

接下来介绍一些引导孩子着装不"越位"的对策。

中学时期的青少年心理、生理发育均不成熟，是一个易受外部环境影响、崇尚时尚的特殊群体。我们要培养孩子良好健康的着装行为习惯，引导学生形成正确的服饰观、审美观。

（1）统一着装，规范学生着装行为

统一着装，有利于学生良好心理品质的形成。学生会感到，他不再仅仅是他本人，而是代表着一个集体的形象，要规范自己的言行，执行好"学生行为规范"，只能给学校争光，绝不能为学校抹黑。这样，就增强了责任感，能促进集体主义观念的形成。统一着装，有利于培养学生朴素节俭的美德。学生统一穿上以"朴素大方、价廉、实惠"为特点的校服，大家站在同一起跑线上，彼此感到平等协调，可以防止同学之间相互攀比，有利于抑制学生着装上的两极分化，有利于学生艰苦朴素、勤劳节俭美德的培养和形成。实践证明，统一着装是规范学生着装行为的最佳选择。

（2）率先垂范，班主任要树好榜样

班主任是学生思想教育的主要实施者，也是接触学生最多的老师，很多学生把班主任当作自己崇拜的对象，会自觉不自觉地以班主任为榜样规范自己的行为。因此，班主任要时刻注意自己的行为，避免在学生中产生恶劣影响。你要求学生不穿奇装异服，那么先注意自己的打扮是否符合一个教师的身份；班主任要时刻记住自己是学生的榜样，所谓"上梁不正下梁歪"，班主任如果不注意自己的行为，对学生的教育势必苍白无力，教育效果可想而知。因此，班主任要求学生做到的，自己首先要做到，以身作则，率先垂范是每一个班主任最起码的行为准则。

（3）沟通教育，培养学生的审美能力

学生的穿着应该朴素大方、活泼整洁，在公共场所切不可奇装异服，标新立异。但我们不能否定学生的爱美之心，更不应该抹杀学生的个性穿着。我们要多和学生沟通，可以定期举行中学生形象展示活动，培养和提高学生认识美的能力。让他们正确地辨别美和丑，让他们正确认识自己的装扮，应该如何去看待自己的装扮，最后让他们自己主动想改变。要让学生明白，服饰美只有在心灵美的折射下才能发出同等的光辉。我们要鼓励学生在追求服饰美的同时，更要加强自身的道德品质修养，陶冶高雅的情操，追求外表美与心灵美的高度统一。

（4）潜移默化，家长要细心引导

学生的衣着行为也与其家庭教育、家庭生活息息相关。有些家长自己就追新求异，平时的言行也总是围绕着时尚潮流，潜移默化中就影响了孩子的服饰观、审美观。一个人的穿着习惯一旦养成就不太容易改变，可以说，家庭的影响力伴随着孩子的一生。所以就孩子的衣着习惯而言，我们的家长应该在孩子成长的日常生活中加以引导、培养。

　　总之，中学生的衣着要根据自己的年龄和身份，选择那些整洁、得体、协调和舒服的衣服，切不可标新立异。

18. 他们算什么，哪能和我比——自负的孩子

夜郎国的国君因为问了汉使一句"汉朝与夜郎国谁个大"，那顶"夜郎自大"牌的妄自尊大的帽子，就铁板上钉钉子似的，无可争议地一戴就是个千百年没商量。

但夜郎国王不仅没有妄自尊大，而且他的"自大"也"大"得很有道理。

因为夜郎国地处偏远的贵州西北部，他虽贵为一州之王，但"不知汉广大"。从人之常情来说，从人之好奇心来讲，面对不远万里而来的汉朝使者，无论换了谁，都会问一声"汉孰与我大"的。而且他作为一国之君，是更有责任去了解这个与他的国家命运息息相关的汉朝的基本国情的。更何况古有语云"不知不为过"，本"不知汉广大"的夜郎国王，又何过之有呢？如果夜郎国王明知道汉朝比自己大得不可相比，他还要如此相问，那他才当之无愧是一个失却了理智的妄自尊大之人呢！

虽说"夜郎当自大"，但在现实生活中，并不是每个人都能真正把握好"自大"的分寸，尤其是孩子。我们说自信是孩子开启独立自主大门的钥匙，它有时甚至比能力更重要。就算一个能力一般的人，他一旦拥有了自信这个良好的心理状态，就能最大限度地发挥自己的潜能，做出意想不到的成就来。然而，自负往往与自信仅一墙之隔，把握不好这个度就有可

能变成自负的孩子。对于大多数人而言，我们依旧要明白，谦虚是一种美德，是一种难能可贵的品德。自古以来，我国人民就有谦虚的美德，有许多这方面的格言警句启迪后人，如"谦受益，满招损""谦虚使人进步，骄傲使人落后""虚心竹有低头叶，傲骨梅无仰面花""百尺竿头，更进一步"。可是真的孩子表现出了"自负"来，作为家长也不必着急，可采取一些方法帮助孩子克服心强气高、骄傲自满。

儿童自以为了不起的自负心理，是自我认知缺陷的一种表现。处处瞧不起别人、对大人也常常傲慢无礼，是一种缺乏自知之明的心理缺陷。为何孩子会表现出自负呢？

一般地说，自负多表现在独生子女身上，或是表现在家庭条件较优越、具有某种先天优势的孩子身上。自负产生的原因是多方面的，但是从家庭这方面来讲，多是由于家长对孩子过分宠爱、不能正确客观地评价他们所导致的。正如您的孩子，她的聪明可爱使亲戚朋友们赞不绝口，加上她又具有会拉小提琴这项专长，更使许多同龄人对她刮目相看。这些过分的夸奖客观上助长了她自视过高，不能正确评价自己，因而得意忘形，目空一切。这说明，孩子还缺乏全面客观评价自己的能力。如果成年人再对孩子评价不适当，就会给孩子带来一种错觉，以为自己真的像人家评价的那样毫无瑕疵。

自负的表现也是多方面的。有的孩子因自负而不能和同伴友好地相处，常常有高高在上、盛气凌人之感；有的孩子对大人傲慢无礼，不尊敬长辈，瞧不起成年人在某些知识方面的缺陷；也有的孩子因自负而不爱与人说话，不爱回答别人的提问，甚至变得爱挖苦人、讽刺人。自负可以说是一种比较普遍存在的不健康心理，许多有专长或智力超群的孩子都易染上这种心理疾病。

自负往往会导致自满，使孩子丧失进取心，增长虚荣心。另外，自负心理还容易使儿童意志脆弱，经不起挫折和打击。例如，有一个少年歌手去国外演出，因为过于紧张，不小心唱跑了调。这位少年歌手初露头角时一帆风顺，习惯于掌声、鲜花、奖牌，对挫折的心理承受力太弱，一旦在国外演出失败，便失去心理平衡，结果以自杀告终。可以这么说：自负心理是他自杀的重要因素之一。

为了纠正孩子的自负心理，家长可以从以下几个方面去努力：

（1）逐渐改变对孩子的评价方式，对孩子的评价应客观实际。孩子总是有不足的地方，家长不要因为溺爱孩子就不切实际地吹捧孩子，尤其不要在客人面前没完没了地表扬孩子，这样易形成孩子的自负心理。

（2）给孩子适当的批评。家长对孩子的表扬要适当，对孩子的批评也要恰如其分，既不能以偏概全，也不能掩耳盗铃、视而不见，而要客观地指出孩子的不足。这样可以帮助孩子正确地认识自己。

（3）不给特殊待遇，减少他表现自己的机会。在家庭中，要把孩子当作普通一员，不要让他成为"中心人物"。家里来了客人，除了正常的礼节外，不要让孩子过多地表现自己，更不要在客人面前夸耀自己的孩子。

（4）让孩子养成独立生活的好习惯，给孩子创造一点儿遭遇挫折的机会。经历适当的挫折可使孩子心理机制健全，不至于过分自负，经受不住任何打击。

（5）家长要改变自己的教育观。孩子身上的缺点多半是由于成人教育方式不当所引起的，无论是孩子的自理能力差，还是孩子的意志软弱、自负心理严重，多半是家长过分溺爱孩子、保护孩子所导致的。所以，我们建议家长们一定要理智地爱孩子，科学地爱孩子。

（6）让孩子多一些接触社会的机会。当他们看到外面纷繁复杂的世界，接触到比自己更优秀、更具专长的人，认识到"强中还有强中手"，就不会为自己的一点点小成绩而自负了。因此，建议家长多带孩子出去走走，看看外面精彩的世界，而不要"坐井观天"，"夜郎自大"。

（7）进行挫折训练，让孩子尝试失败的经验。成人可以交给他一些较难的事去做，当他没能完成任务时，要帮助他分析原因，使他看到自己的不足。成人还可以和他一起玩竞赛游戏，如智力竞赛等。在这些活动中，要让他有输有赢，输的次数要多于赢的次数。当他失败时，要教他学会调节自己不愉快的情绪，能接受失败的考验。让自负的孩子有机会参加大孩子的活动，当他与大孩子在一起时，大孩子表现出的智慧和才能会使他自愧不如，这种感受对矫正孩子自负心理会起到一定的作用。

爱因斯坦是 20 世纪世界上最伟大的科学家之一，他的相对论以及他在物理学界的其他方面研究成果，留给我们的是一笔取之不尽、用之不竭的财富。然而，就是像他这样，他还是在有生之年不断地在学习、研究，活到老，学到老。

有人去问爱因斯坦，说："您老可谓是物理学界空前绝后的人才了，何必还要孜孜不倦地学习呢？何不舒舒服服地休息呢？"爱因斯坦并没有立即回答他这个问题。而是找来一支笔、一张纸，在纸上画上一个大圆和一个小圆，对那位年轻人说："在目前情况下，在物理学这个领域里可能是我比你懂得略多一些。正如你所知的是这个小圆，我所知的是这个大圆，然而整个物理学知识是无边无际的。对于小圆，它的周长小，即与未知领域的接触面小，他感受到自己的未知少；而大圆与外界接触的这一周长大，所以更感到自己的未知东西多，会更加努力地去探索。"

多么好的一个比喻，多么深刻的一番阐述！名人尚如此，更何况我们的孩子呢。所以作为父母，要时刻警惕孩子的"自大、自傲"心理，要塑造孩子谦虚的品质。每个人都要养成"虚怀若谷"的胸怀，都要有一种"谦虚谨慎、戒骄戒躁"的精神。让孩子以有限的生命去探求更多的知识空间吧！

下篇

別做孩子的 "阿拉丁神灯"

19. 家有"逆"子——不与人合作

我儿子刚开始学校生活，可能是独生子女的原因，从来都不懂得与人合作的乐趣，老师让孩子参加小组合作时他总是一个人在一旁看着；明明是两个人玩的游戏他从来不叫小朋友一块儿来玩，他一个人玩也没觉得这样有什么不好的，我现在真担心这样以后怎么适应社会，我们应该怎么办呢？

合作交往是人类活动的基本形式之一。21世纪是竞争激烈的时代，对人的合作能力提出了更高的挑战。因合作而安身立命，因合作而完善人生的经历，相信每个年轻的父母都曾亲身体验过。孩子虽然年幼，但合作的需求却丝毫不减，无论是拥有现时的快乐童年，还是顺利地适应未来的社会生活，都需要他们具备良好的合作精神及必要的行为经验。欧洲心理学家阿德勒说："假使一个儿童未曾学会合作之道，他必然走向孤僻之道，并产生牢固的自卑情绪。"

今日身边的孩子多是独生子女，容易养成一些以自我为中心的习气，然而他们将来要适应的却是充满挑战的社会，有责任感的父母应该摒弃"树大自然直"的懒汉想法，未雨绸缪，在孩子的重要观念形成之初进行必要的引导。

家长们不妨从以下几个方面入手培养孩子的合作能力：

（1）积极创造条件

作为家长，要积极鼓励和支持孩子多参加各种集体活动和有益的社会活动，让孩子初步适应一定的人际交往环境。还可以通过某一有意义的活动，增强孩子的集体观念，使他们在大集体活动中养成团结友爱、助人为乐的品质。对不合群的孩子更应该争取各种机会，让他们参加到伙伴群中去。当孩子的伙伴来家玩时，要热情接待，并给予一定的尊重和必要的礼节。

（2）鼓励孩子在平等的原则上交友

在孩子交友的过程中，要教育他们信赖朋友，珍惜友谊，不要轻易地怀疑、怨恨、敌视他人，不允许无故欺侮弱者。

（3）培育孩子关心他人、爱护他人、助人为乐的高尚情操

孩子无论在学校或家庭里，都要养成这样的好品德：在家尊老爱幼，在校尊教师、爱同学。因为只有关心别人，才有可能与别人合作。

（4）培养孩子做一个让人信赖的人

人与人之间只有互相信赖，才能互相合作。而要能够让别人信赖，就要努力使自己成为一个可以让人信赖的人。为了做到这一点，父母应该教育孩子遇事先为别人着想，为人处世要讲信用，做到言必信，行必果。

（5）父母的言传身教

父母本身应该待人宽厚。对家庭成员、对邻居、对同事都要热情、平等、谦虚、礼貌，并能互相帮助。这些生动而又直观的形象"教材"能在潜移默化中逐步移入孩子的精神世界，使他们在与人合作时，自觉地把父母的言行举止作为效仿的榜样。

在课堂上，老师请同学们说说自己每根手指头的长处。

小军说："大拇指可以用来赞扬别人，食指可以用来指示事物。"佳佳

说:"小指可以用来勾东西,中指可以……"同学们说了每个手指的许多优势。

这时,老师笑眯眯地拿出一只玻璃杯,只见玻璃杯里面有几个玻璃球。老师对大家说:"现在,请你们把玻璃球从玻璃杯里取出来,每个同学都有一次机会。你们可以用你们认为最有本事的那个手指把玻璃球从杯子里取出来!记住,只能用一个手指。"

孩子们的热情被老师鼓舞起来了,教室里的气氛非常热烈。每个同学都认真地走上去,用他们的手指去取玻璃球,但是,不管他们怎么努力,玻璃球就是取不出来。孩子们都很着急。

这时,老师再次对孩子们说:"好了,你们可以邀请另外一个手指与原来那个手指合作,一起来取玻璃球。"这次,孩子们个个都把玻璃球取了出来。

活动做完了,老师对孩子们说:"现在你们应该明白了,一个人无论有多大的才能,他总有无法独立完成的事情,人与人的合作是多么重要。"

在日常生活中,有许多行为必须要两个或两个以上的人合作才能完成,只凭一个人的力量是无法做到的。学会与别人合作是孩子应该掌握的一种本领。人与人之间既是一个独立的个体,又是一个密不可分的群体。一个人如果完全脱离了群体,那他根本就不可能在社会上生存下去。当今社会,善于与人合作是一种优秀的品质,如果孩子们具有合作精神,将更有利于他们个人的发展。因此,父母应该在日常生活中培养孩子与人合作的习惯。

那么孩子该如何培养与人交往和合作的能力呢?

(1)学会欣赏和接受别人

101

合作就是学习别人的优点，弥补自己的缺点。只有相互认识到对方的长处，欣赏对方的长处，合作才会有真正的动力和基础。要让孩子认识到任何人都有自己的长处和优点，要真诚地接受和欣赏他人的优点。

（2）凡事要想到别人

要培养孩子慷慨大方的气度，经常想到别人。如果自私自利，凡事都只想到自己，斤斤计较，就会很难与别人相处，更无法与他人合作。

（3）多参加合作性的活动

多参加合作性强的游戏，如足球、篮球、跳绳等游戏，既有两团队之间的对抗与竞争，更有团队内部的协调与合作，这些都非常有利于培养孩子们的团队精神。

（4）学会合作的规则与技巧

让孩子学会在与别人合作中既要尊重对方，服从大局，讲统一，又要有自己的立场。

20. 我们想成为他的朋友

要想解除孩子的心理防御机制，找到与孩子沟通的共同语言，实现有效的亲子沟通，父母一定要了解孩子的需要。

一般来说，孩子除了生理方面的需要外，心理方面还有很多需要。随着孩子年龄的增长，心理方面的需要，越来越成为亲子关系的重点。如果孩子的心理需要得不到满足，孩子就会产生逆反的心理，故意封闭自我。

那么，孩子的心理需要有哪些呢？

意大利教育家玛利亚·蒙台梭利通过不断的研究发现：一个孩子生下来就有个"精神胚胎"，儿童的成长是顺应这个精神胚胎的"自然趋向"的。如果父母给孩子需要的养分，孩子将通过自我选择建立完好的心智。

（1）情感需要

在情感方面，孩子有爱与被爱的需要，孩子需要在爱的沐浴下成长。教育孩子，这是第一位的，爱是基础。当这种需要得不到满足时，孩子就会表现出冷漠、逆反的情绪。

刚出生的孩子就有情感的需要，他喜欢父母的抚摸和拥抱，他喜欢看父母温柔的微笑和眼神，他喜欢父母对他说："宝宝，我爱你！"这种情感需要是孩子生理和心理的一种需求。

许多父母认为，在这方面，自己做得相当好，实际上，父母们只关注了给孩子爱，而且这种爱往往是溺爱，只是一味地给孩子爱，忽视了也应该向孩子索取爱。于是，孩子们学会了"理直气壮"地接受父母们的爱，根本意识不到自己也需要付出爱，反映在孩子行动上，就是自私、狂妄自大、以自我为中心。

（2）独立需要

每个孩子都是一个独立的个体，他们不希望永远活在父母们的保护当中，他们渴望能够独立地做一些事情，独立地决定自己的事情。

这种独立性在孩子三四岁的时候和青春期表现得尤为突出，这两个时期被称为孩子的"断乳期"，前者为生理断乳期，后者为心理断乳期。

年幼的孩子们总是喜欢什么东西都碰一下，尤其是一些新奇的东西；大点儿的孩子则喜欢独立自主地决定自己的事情。事实上，这正是孩子顺从"精神胚胎"的自然趋向，他们不自觉地被引导着去"配合自己的行动"，从而获得对各种事物的印象。

但是，许多父母不了解孩子的这种需要，他们喜欢禁止孩子的各种探索行为，经常过多地替孩子做事情，干涉孩子的事情和决定。当孩子的自由被禁止时，孩子就会产生受挫感，产生沮丧的情绪，他自然而然会变得"不顺从"，出现对抗的行为，自然而然会变得"叛逆"。

其实，这些都表明他在向父母暗示：我不需要你们的过多保护，我不需要你们的过多干涉，我要自由！我要独立！只要父母把自由给了孩子，"不顺从"和"叛逆"就没有理由存在，它们就会消失得无影无踪。

（3）自尊需要

根据马斯洛的需要层次理论，自尊的需要是一种较高层次的需要。对于孩子来说，这种需要也存在。

孩子们都有较强的自尊心，他们希望父母尊重他们的想法，尊重他们的情感，尊重他们的隐私等等。许多父母恰恰没有意识到孩子的自尊需要，总是认为孩子还小，什么都不懂，于是，父母们经常随意呵斥孩子、打骂孩子，有些甚至在公众场合打骂孩子，揭露孩子的缺点等等，完全不顾孩子的自尊。

当孩子的自尊没有得到尊重时，他们或者产生逆反、对抗的心理，或者破罐子破摔，不顾自己的颜面苟且偷生地活着，这些都增加了亲子沟通的障碍。

（4）平等需要

孩子虽小，但是，他们总希望父母能够把他们当成大人一样来看待。而许多父母总是不理解孩子的这种心理。往往是对孩子要求这样，对自己要求那样。比如，有些父母要求孩子好好学习，自己却天天看电视、打麻将。这样孩子就会认为父母与自己是不平等的。

现在，有许多孩子会在背后这样议论父母："我的父母总是要求我做这做那，其实这些事情他们自己都做不到。""是呀，父母总是说话不算话，明明答应我星期天去郊游的，因为他们自己想睡懒觉而不去了。"这些都表明，在大多数的孩子心里，父母们没有做到平等这一点，于是，他们也就不相信父母的话了，沟通的障碍也就形成了。

（5）成就需要

在马斯洛的需要层次理论中，成就需要是最高层次的需要。孩子同样有这种需要，而且，这种需要也是孩子的最高需要。

每个孩子都希望自己的行为、能力能够得到他人的认可，尤其是父母和老师的认可。这种认可和表扬，往往能够让孩子产生巨大的成就感，让他们获得极大的快乐。因此，从主观上来说，孩子们总是希望自己在家里做个优秀的孩子，处处获得父母的夸奖；在学校，他们又希望自己是个学习好、行为好、品行好的学生，能够当班干部，希望在班级活动中脱颖而出，成为人人羡慕的优秀生。

当孩子的这种成就欲得不到满足时，家长们就会产生失落、沮丧的情绪。如果不正确沟通，就会产生一系列问题。

那沟通障碍究竟在哪里呢？

（1）缺乏尊重

每个孩子都有独立的思想和意识，如果父母不尊重孩子，总是以"我为你好"的思想来压制孩子，孩子就会受到伤害，于是，他们会建立心理防御机制，防止父母再次伤害自己。这样，冷漠、无视、叛逆等自我保护的方式就出现了，沟通也随之停止。

（2）没有共同语言

许多父母只知道要求孩子好好学习，每天与孩子交流的话题也只限于孩子的学习，忽视孩子的情感等需求。

同时，许多父母习惯于按部就班的生活，缺乏学习新鲜事物的意识，许多孩子们非常感兴趣的事物，父母们都不太了解。在某些方面，孩子在成长，父母却落后了。对新的语汇、新的兴趣、新的焦点话题、孩子谈话的兴奋点，父母都很茫然，却仍然每天絮絮叨叨，这必然导致父母与子女无话可谈。这样，在孩子眼里，父母成了"老古董"，于是，沟通也变得比较困难。

"知心姐姐"卢勤说过，要想走进孩子的心灵，就要靠沟通。良好的沟通能使我们在家庭中建立良好的人际关系，反之，不良的沟通则会破坏这种关系。

可见，父母们应该反省、检讨一下自己与孩子的沟通方式，努力营造一种积极的沟通方式。

英国教育家斯宾塞说："一家人吃饭时是争论还是谈话，是称赞还是训斥，是一个很好的测量计，它可以看出这个家庭是在疏远分离还是在越来越亲近。"

许多父母都没有意识到自己与孩子之间的亲子沟通实际上是消极的、不良的，而这种不良的沟通方式却时刻在伤害孩子的心理，不仅使亲子之间的关系非常紧张，而且对于孩子的身心发展都极为不利。

（3）指责型

"为什么你总是整天让我操心，难道你不会变得自立一些吗？"

"看看你的屋子，脏得跟猪窝一样，难道你就不会收拾一下吗？"

"你看你那样，整天只知道玩，不知道学习，我怎么生了你这样的孩子呀？"

"如果你昨天晚上不看电视，怎么会起不了床呢？你总是贪玩，不知道学习！"

这些话听起来非常耳熟，而这正是许多父母指责、埋怨孩子时经常用到的。许多父母在责骂孩子的时候根本没有想到，这种责骂不仅伤害了孩子的自尊心，也损害了父母在孩子心中的形象。

曾经看到过这样一个故事：

有一位父亲这样骂儿子："你这么笨，真是个小猪猡！你知道小猪猡是什么吗？"

见儿子不说话，父亲更加气愤地讥笑道："你这么笨，怎么可能知道呢？"

儿子轻蔑地看了一眼父亲，说："当然知道，它是猪的儿子呗！"

父亲一下子傻眼了。

从这里可以看出，儿子实际上是非常聪明的，他懂得以其人之道还治其人之身，真不知道，为什么这位父亲会认为儿子笨呢？

也许是孩子在生活中做错了事，也许是孩子在学习上做错了题，但是，错误正是孩子不断成长的表现，以单个的错误来全盘否定孩子的父母恰恰是最不明智的父母，难怪儿子会认为父亲是"猪"呢！

许多喜欢责骂孩子的父母，恰恰是因为他们不太了解教育孩子的方法，不知道怎样运用有效的沟通来引导孩子、启发孩子，因此只会盲目地使用批评、责骂等负面的沟通方式。

每一位父母在成长过程中都会犯"喜欢责骂"孩子的错误，实际上，孩子的心灵是善良的，他们并不会记仇，只要父母意识到自己的教育方式错了，及时改正，运用有效的沟通方式与孩子交流，孩子依然会愿意与父母沟通的。

日本著名企业家和田加津说："就这样能行吗？这样甭想上大学！爸爸妈妈真不知道这么辛辛苦苦、整天满身泥水地干到底是为了什么？"长期以来，这种想法成了规劝孩子们的尺度，孩子们对这句话也要默默地服从。

可见，如果父母喜欢指责、埋怨孩子，那么，在父母眼里，看到的尽是孩子的缺点，孩子必然没有什么值得赞赏的。父母之间必然也是互相指责、埋怨，结果，孩子也总是习惯于指责和埋怨他人，不管做什么事情都会推卸责任。

对此，我们告诉您一个好方法，七招让孩子和你无话不谈。

和很多父母一样，每位家长都希望孩子对自己无所不谈。了解孩子真实的生活和思想，走进孩子的心灵，随时掌握孩子思想的脉搏，引领孩子向健康的方向发展。以下做法供各位父母借鉴，效果不错。

（1）慎用批评

孩子做了错事，不管是不是孩子的错，我们不要过早地下结论。打击和批评可不是好办法。要让孩子把发生的事告诉你，耐心地等待他把事情全部说完。听完了他的故事，重要的是引导他自己发现问题，寻找解决的办法。随着孩子的不断成熟，我们应逐步走到幕后，给孩子独立思考、解决问题的机会。

（2）创造机会

"孩子，过来，妈妈和你说话。"如果你和孩子的谈话是这样开始的，结果往往说话的只有你一个人。如果换一个时间，换一种方式，如，在接孩子回家的路上，或周末与孩子一起下棋、玩游戏时，往往是孩子滔滔不绝、口若悬河的时候。这时候，你将会有意想不到的收获。要想多了解孩子的生活，就要多创造这些和孩子一起活动、对他们没有压力的机会。当你真正需要问问题时，也要少用"为什么"，这个词往往会激发孩子的逆反心理。

（3）控制情绪

当得知孩子碰到一些不如意的事或做错了事的时候，你千万不能激动，要控制自己的情绪，冷静地与孩子一起分析原因，寻找解决问题的办法。如，当孩子告诉你他在幼儿园里与一位小朋友打架了。你心里很恼火，但不能把这种情绪表露出来，要用很平静的态度让孩子说出事情的经过。否则，会造成孩子以后只报喜不报忧。

（4）尊重孩子

当孩子兴致勃勃地告诉你事情的时候，也许你有一大堆的活要做，但你最好把手头的事暂时搁一搁，耐心地倾听孩子的叙述。如果你真的有很急的事情要做，也要与孩子商定好时间。因为大人们总是有计划地做事，而孩子往往只重眼前。大人们要遵守他们的时间表，切忌一边做事一边听孩子说话，让孩子觉得你心不在焉，对他的话一点也不重视，与你说话没劲。

（5）奖励诚实

当孩子已经改正了错误，或表示要改正时，你首先要对他的诚实表示肯定，以真诚的态度表扬和奖励他。让孩子不必担心因为他的失误而失去父母的爱，使孩子逐步养成主动承认错误、改正错误的好习惯。

（6）替他保密

即使对最开放、最友好的父母，孩子还是有他自己的秘密。随着孩子的长大，他也会有心中的秘密不愿告诉你，或者告诉你后要你替他保密。如果你已答应了孩子的事，必须遵守诺言，否则，你将有可能失去孩子的信任。我们要让孩子知道，不管什么时候、什么情况，父母永远在他的身边，随时给他帮助和支持。

（7）放下架子

父母在与孩子交谈时是朋友式的，才会让孩子的心与你靠得更近。还应认识到：不管我们怎样注意，总有做错的时候，在面对孩子的事情上，也会有判断的失误。我们要放下架子，勇于在孩子面前承认错误，为孩子树立起知错就改的榜样，这样孩子会更信任你。

21. 不能说的秘密

情景一：

苗苗的妈妈常常向别人炫耀："我们家苗苗啊，不知道多听话。不像别的孩子那么多心事，还偷着藏着不愿意让爸爸妈妈知道。我们家苗苗的一举一动我和她爸爸都清清楚楚的，一点也用不着操心。"

但是妈妈不知道，在学校里，苗苗是一个很不受欢迎的孩子。她做事没有主见，畏首畏尾，有团队活动的时候没有人愿意和苗苗在一个队伍里。而且没有同学愿意和苗苗做朋友。因为凡是和苗苗交过朋友的同学家，苗苗的爸爸妈妈都去过，他们要去"侦察"到底和苗苗交朋友的同学家庭环境怎么样，爸爸妈妈看起来有没有教养之类的情况。因此这些同学的家长也不喜欢自己的孩子和苗苗交朋友。

于是苗苗就像一个永远都长不大的孩子，她的人生就停留在 2 岁以前的阶段。因为 2 岁以前的孩子心里是没有"秘密"这个概念的。苗苗像她的爸爸妈妈期望的那样活得又单纯又透明。她是个没有"秘密"的孩子，也是一个永远无法成长的不快乐的孩子。

情景二：

欢欢家有个小小的阁楼，原本是堆杂物的地方。但是随着欢欢慢慢长大，那里成了欢欢的"秘密空间"。当欢欢有什么事情要想或是遇到什么不开心的事情的时候，就会一个人悄悄地爬上阁楼，坐在一大堆杂物中间要么哭泣，要么静静思索自己的问题。

有一次，欢欢和小朋友吵架了，他心里很难过，又悄悄地爬上阁楼去了。他以为爸爸妈妈都上班去了，没有人会知道。谁知道当时爸爸正好回家来拿一份文件。他听见了开门的声音，从书房出来一看却没有人。爸爸又到欢欢的房间去看了看，也没有人。爸爸奇怪了，心想这孩子到哪去了？这时听到阁楼上传来微微的响动，爸爸就轻手轻脚地爬到阁楼上，透过天窗漏下来的阳光，看到欢欢正坐在一堆杂物里不知道为了什么事情伤心。爸爸什么也没有说，悄悄下了阁楼取了文件回单位了。

又过了一段时间，当欢欢又因为不开心的事上到阁楼的时候，他惊奇地发现阁楼已经变了样子：杂物被清理过了，腾出了很大一块地方。地上铺了一块又大又柔软的地毯，还有一个舒服的地板枕头。枕头旁边有一摞他喜欢的童话书，还有一盘跳棋。顶棚装了一盏光线柔和的小灯，小灯上挂着一个纸牌，上面写着"欢欢的秘密小屋"。欢欢能看出那是爸爸的字迹。

欢欢感动得哭了，他知道这将是他和爸爸之间的"秘密"。以后欢欢还是常常来自己的"秘密小屋"，但是他比以前更愿意和爸爸谈心了。

一个没有秘密的孩子就是一个没有独立人格的孩子，拥有秘密对于孩子的成长具有很重要的作用。因为秘密往往与责任相连，意味着独立面对自己的生活，独立承担人生的责任。

随着孩子渐渐长大，幼年时代的"水晶人"渐渐变得不透明了，父母难免要"失落"和"恐惧"，失落是因为孩子与自己再不像从前那么亲近，那么毫无隔阂了；恐惧则是因为太紧张，对孩子任何隐瞒自己的事都会往坏的一方面做千万种联想。

其实，父母可能忽视的问题是：没有秘密的"水晶人"是永远长不大的。真的"水晶孩子"只要被生活轻轻一碰，就会脆弱得不堪一击。孩子的成长必然意味着与父母的疏离，而父母赋予孩子生命，正是为了让他独立。允许孩子有自己的秘密，孩子才能更好地成长。

父母希望孩子的一切行为都在自己的掌控之中，但是却忽视孩子拥有秘密的重要性。在孩子探索生活的道路的过程中，孩子有自己的独特的思想，这些思想是孩子的秘密，也是孩子成长中最宝贵的财富。

当孩子有了独立思考的能力，他会有许多属于自己的思想，这些思想不一定是正确的，但留下了深刻的"我"的烙印。就像父母不可能替孩子消化食物那样，同样道理，父母也不能替孩子思考。孩子自己摸索探寻生活这个过程本身就是可贵的。

作为父母，不管我们的孩子保守的是什么秘密，是自己的还是他人的，当他决定对我们缄口，他就与自己的灵魂立下了一个承诺。而无论我们以什么手段去挖掘这个秘密，实际上我们就在孩子的心灵上留下了一道伤痕。

秘密是孩子成长的养料。允许孩子有秘密，孩子的生活才有可能更加精彩，孩子才有可能更加的独立和成熟。

（1）培养孩子的隐私意识

隐私是个人的事，不会对他人及社会产生不良影响，但是一个人的隐私被他人知悉，则会给自己的生活带来消极后果。对于幼小的孩子来说，他们几乎没有自我保护能力，隐私更容易被他人知悉或者侵犯。具有一定的隐私意识，有利于孩子更健康地成长。

（2）相信孩子的能力，大胆地放手

孩子作为一个独立的个体，有自己独立思考的能力。对一切事物，都有自己独特的思想。父母应该相信孩子自己能解决问题，放心地让孩子自己面对困难。不要直接干涉孩子的问题，而是给予一些必要的指导和帮助。

（3）为孩子创造独立的空间

孩子大多希望有一片属于自己的天地，在这片天地里，能够做自己想做的事，没有父母的干涉。作为父母，我们应该尊重孩子的愿望。我们可以给孩子一间单独的房间，让孩子给抽屉上锁，自己不留"备份钥匙"，给孩子的房间单独电话（不是分机），允许孩子与他（她）的圈子有联系。

（4）不偷窥孩子的秘密

有些父母喜欢偷看孩子的日记，偷听孩子的电话，私拆孩子的信件等等，千方百计地想知道孩子的秘密。而孩子一旦发现父母偷窥自己的秘密，就会失去对父母的信任，把本来想对父母说的一些心事咽了下去。

（5）为孩子保守秘密

无意中发现孩子的秘密，或者承诺替孩子保守秘密时，父母应该要保护好孩子的秘密，不要轻易对第三人提及，否则不仅会伤害孩子的感情，也会使家长失去孩子的信任。

想象一下下列的情况：

你走进你儿子的屋子去吸尘，无意中发现他的日记就放在桌子上，日记本是关着的，但是没有上锁，也没有放在抽屉里。

你女儿每晚都把无绳电话拿进自己的房间，打上很长时间，有时电话的另一头是个男孩。

你那不满 10 岁的孩子常常把吃了一半的三明治放在书包里，因此你每星期总要帮他清一次书包，但是上一次你打开书包时，没有看见未吃完的三明治，却发现了一张写着他名字的小心折好的字条。

你打开日记吗？你拿起听筒吗？你念那张字条吗？

22. 就是不肯去学校的孩子

案例：

我有一位 8 岁的女儿，小学二年级。本以为她能很快乐，可她却不像其他的小朋友那样爱上学，宁愿一个人待在家中。我和她爸好说歹说才把她送到学校，可是总要惹她大哭一场。有时她还中途逃学，这更使我们忧心忡忡，因为现在的交通事故太多了，我们很害怕，不知道该怎样治好她的"恐学症"。

孩子怕上学，在心理学上被认为是患了"学校恐惧症"。这种病的症状多发生在儿童由家庭生活走向学校生活的转变时期，也就是说，在儿童学龄期比较常见一些。患"学校恐惧症"的孩子，多有下列表现：不爱上学，想和爷爷奶奶待在一起，或宁愿自己待在家里。爸爸妈妈送孩子上学时，他们总要哭闹或发脾气。严重患者甚至会产生一些身体上的反应，如头痛、恶心、肚子痛、浑身颤抖不已等症状。

虽然"学校恐惧症"是一种不健康的心理表现，但家长们不必为此着急焦虑，这种症状只是孩子从一种生活转向另一种生活时产生的不适应心理，家长只要正确引导，症状就会很快消失的。

其实每个小孩都会在某个时候对上学多少有些抗拒。中小学生的种种心理病中，近来增加最显著的就是害怕上学，不肯到学校去。

以下是孩子不肯上学的几种常见原因和解决之道。

焦虑：孩子不喜欢上学，其中一个原因是他们一与家人分开就焦虑不安。这种情况最常发生于家庭气氛紧张期间，或孩子就要去另一学校就读的时候。父母如果反应不当，可能令孩子焦虑加深。孩子如果是刚开始上学，家长须注意头几天上学前和孩子道别的方式。

家长必须多鼓励子女，而且不要太注重学业成绩。只要子女已尽了力，即使考试成绩不好，也不应苛责，父母要求不过高，子女便无须承受过大压力，于是焦虑减少，念书也就不感到辛苦了。

寂寞：有些孩子不喜欢学校是因为没有朋友。如果小孩总是自己一个人，或者假装生病逃避课外活动，又或以送贵重礼物来讨好别人，很可能就会在学校没有朋友。

教孩子社交技巧可帮助孩子解决感觉寂寞的问题。应多为孩子创造与他人互动的机会，例如让孩子帮助老师派发本子，或者全家去餐厅吃饭时让孩子练习点菜。父母也要传授孩子一些结交朋友的技巧。

受欺负：有些学生讨厌学校是因为害怕同学。如果孩子过分沉默焦虑，在学校没朋友，或突然自信心低落，那他可能在学校受人欺负了。

解决此问题最常见的方法是向老师报告，但这是不够的。向老师报告并不能保证不会再受人欺负。最要紧的是帮助孩子采取主动，让孩子觉得自己有能力找到防止欺负的办法。

学习困难：有些孩子不肯上学是源于生理问题。有些孩子不喜欢学校可能是因为患有学习障碍。他们中枢神经系统功能异常，无论他们怎么努力，进步都很有限，加上家长和老师不予体谅，久而久之，自然抗拒学习。有学习障碍的孩子常常精神沮丧，他们也许无法记住简单的事情，老是没法完成学校作业，或者似乎总是不听从老师的话。家长要主动和学校商量解决之道。

怕老师：如果孩子经常抱怨老师"太凶""不公平"，该怎么办？

家长该去找老师说明孩子的个性，这通常可改善老师和孩子的关系。

不过，最重要的还是教孩子自己面对困境，进而找出解决问题的办法。鼓励孩子好学上进，培养孩子积极的生活态度。父母应找机会带孩子到他们工作的地方去，让他们知道父母工作的情况，体会父母辛苦工作的样子。从而让他们了解刻苦是生活中应有的历程，只要肯努力，就会得到应有的回报。

（1）给予实际的期望

不要用野心来期望孩子将来做科学家和律师等。让他们认识到每个人都有特殊的天分，都能走出自己的路。

（2）相互分享

父母应多花时间关心子女，跟他们分享喜悦和忧虑。

（3）以身作则，把应有的生活态度传达给子女。

（4）做好学习的准备

心理上的准备：在孩子将进幼儿园、小学和中学时，父母可带他们到学校走一走，让他们了解一下学习环境，认识老师和熟悉学习情况。

心智上的准备：教孩子从小把话讲清楚、说完整、培养全面的思考。孩子观念的成长，必须在名词底下有具体的例子，这样他们才能归纳出具体的属性，从而发展出那个名词的观念。好奇也是心智上的一种准备，懂得怀疑，好奇地问问题，才能不断创造新的东西，不断进步。培养孩子对事情感到好奇的原则，仔细聆听孩子的发问，欣赏童心的情趣；避免直接给孩子答案，以免压抑孩子的好奇、思考和继续追问的天性。给机会让孩子思考，并与孩子一起寻找答案；让孩子从实践中学习；随时准备回应。父母应随时准备和孩子分享学习的经验，将分享的气氛和习惯带动出来，这样，家里就有很多谈话的题材和沟通的渠道。

（5）与老师合作

要懂得欣赏老师，父母不要在孩子面前贬抑老师，或与老师发生冲突，否则，孩子就会看不起老师，这会对孩子造成学习上的障碍。父母应多和老师沟通，增进彼此的了解，寻找适合孩子学习的有效方法。

（6）专注学习

给孩子一个安静的环境和时间阅读，别干扰孩子阅读，列下粗略的时间表，留意学习进度。有效的练习方法：父母应有步骤地讲解，先示范，然后让孩子做一次，不好的地方当场改正，再让他独立地做一次；密集式练习，但每次练习时间不要太长，有错要及时正，注意预习和定时复习。

23. 我家孩子冷如"冰"

孩子感情冷漠，不体谅家长，这是许多家长的抱怨。家长含辛茹苦，无微不至关心孩子，这不但不能打动孩子，反而招来责怨甚至厌烦，这让家长很受伤。问题是，现在这样"冷血"的孩子越来越多。

有位母亲诉说了她的苦恼和委屈。女儿上高二后学习吃力，成绩下滑，在家话越来越少。为了节约时间，让女儿专心学习，生活上她对女儿照顾得周到备至，到现在，她还是替女儿洗所有的衣服。女儿对此从未表示过感激，没有一句感谢的话。这还不要紧，最让她伤心的是，有一次她见女儿放学回来闷闷不乐，就想跟她聊聊天，问她怎么了，结果得到的回答是，滚，别让我看见你们！这位母亲说着说着就抽泣起来。

父母在孩子面前谨小慎微，当牛做马，成了孩子的奴仆，这样就能真正帮助孩子吗？这样就能打动孩子、得到孩子感激和体谅吗？未必。长久以来，孩子对父母这种廉价的爱早已经习以为常，以为这是天经地义的事情，无须感恩更无须报答，所以对父母的百般疼爱反应淡漠，表现麻木。心情不好的时候他会责怪你打搅他，讨厌你多事，甚至会对你大加斥责。

要得到孩子的理解和体谅，要让孩子感激你的爱和付出，首先要让孩子学会爱别人，让孩子懂得付出，要孩子承担起自己的责任，要孩子体验到生活的辛苦，这样他才能珍惜别人的关爱，体会到父母的良苦用心。现在的问题是，孩子在生活上毫无责任，对自己毫无责任感，更不要说对家人了。如果说他还有责任，他的责任就是学习，学习之外的事情都是别人的责任。而进入高二以后，家长在学习上对孩子帮助又是微乎其微，你解决不了他的问题，他自然要烦你。

总之，最根本的是要让孩子承担自己的责任，要让孩子学会感恩。而要做到这些，必须先让孩子体验生活的酸甜苦辣，感受父母的良苦用心。孩子自己的事情让他自己做，不要代替他，这是最起码的。要让孩子学会对自己负责，不仅对自己的学习负责，更要对自己的生活负责。在此基础上，父母的关爱才能触动孩子，才能在孩子心里得到回应。这样孩子才能慢慢学会理解父母，体谅父母，并逐步学会关爱别人。

不要以为只是为孩子当牛做马就能让孩子感激你，因为孩子最需要的不是这些。要得到孩子的理解和尊重，还要真正理解孩子，走进孩子内心，成为孩子的朋友。只有这样才能真正和孩子平等交流，孩子才会向你打开心扉。

24. 你到底要不要听我的

孩子们更需要的是榜样，而不是批评。

——儒贝尔

情景一：

饭桌上，冉冉不小心，饭碗掉到了地上。顿时，碗破饭撒，冉冉被吓呆了。母亲怒不可遏，一把将孩子从凳子上拽下来，大声斥责道："这么大的孩子，连个碗都端不好，别吃饭了！"孩子伤心地哭了，母亲见状更是生气，厉声喝道："还有理哭啊？闭住嘴，滚到你屋里去！"冉冉抽泣着，难过地回到自己的房间。

情景二：

陶陶，一个上小学的孩子，因学习不好，总是被父母责骂，有时还被"棍棒侍候"。有次考试考的全班倒数第一，数学只考了40分，妈妈看到成绩单后立即大发雷霆："怎么这么笨啊？才考这么一点分！脑子里装的是豆渣吗？傻瓜也能考得比你好……"可他妈说他的时候，他根本不为所动，好像妈妈骂的不是他一样。

骂完之后，陶陶回到自己房间，跟什么事也没发生过一样，该怎么玩还怎么玩。往后，他妈妈的责骂一如既往，男孩却变得越来越不喜欢上学，慢慢开始了旷课，打架，最后成了街头小混混。

在我国的教育传统中，做父母的管教孩子就免不了经常训斥和责骂。所谓"玉不琢，不成器"，孩子不好好管教怎么会成才呢？这是我们大多数人的认识。在生活中，有些父母一见到孩子犯错就会出来指责："应该这样""不应该那样"，甚至恨铁不成钢地辱骂："你怎么这么笨、这么蠢"……

孩子的自我认知能力还没有完全成熟，在责骂声中长大的孩子只知道听从大人的指示，从不敢有自己的见解。他们既没有自己独立思考的能力，也没有自己的判断力，从而在问题面前变得胆怯、没有主见，更谈不上什么创造性了。

另外一种危险就是过度的管教、斥责引起子女的反感，甚至憎恨，以至于对父母的斥责置之不理，表面上遵从，而内心里不满，形成逆反心理，事事与父母对抗，这样就等于父母用自己不停地训斥把孩子推上了歧途。可见斥责带给孩子的负面影响不可忽视：

（1）不利于孩子良好性格的发展

经常斥责孩子，容易给孩子造成很大的心理压力，使孩子常常惶恐不安，性格容易变得内向、被动、依赖、遇事没有主见，只会等待大人的命令，而不敢自行作出判断。这不仅会影响孩子独立性的发展，也会对孩子的思维能力和创造能力的发展产生不良影响。

（2）伤害孩子的自尊心

经常性的斥责会严重伤害孩子的自尊心，使孩子对责骂习惯以至于渐渐变得麻木，觉得无所谓。孩子如果被骂皮了，甚至到羞耻心荡然无存的地步，便很难教育了。要知道孩子的自尊、灵性和宝贵的想象力。一旦被摧毁，是很难重建的。"那些被认为没有自尊心的孩子，是外界没有给他们提供使自尊心理健康发展的良好环境。他们的自尊心是残缺的、病态的。"

（3）削弱孩子的自我反省能力

从表面看，遭到斥责的孩子很快表示服从，似乎问题得到了解决。但事实上，孩子考虑的只是斥责给自己带来的痛苦体验，而对自己的行为过错本身却很少自我反思。因此，斥责反而会削弱孩子的自我反省能力。

（4）使亲子关系恶化

经常斥责孩子的父母其实在孩子眼中是缺少威信的，他们只能用呵斥引起孩子的注意，但是会造成孩子心理上与父母的对立情绪。孩子会渐渐摸清了家长的脾性，即使你说话再重，也会对此不以为然。

那么如何更好地引导孩子呢？

（1）尊重孩子的人格

在大人眼里，往往觉得孩子小，什么都不懂，殊不知孩子是正在成长中的人，他们对周围的人和事都会有自己的认知方式和情感倾向，也需要别人的理解和信任。我们只有尊重孩子，用科学民主的方法对待他们，才能把他们培养成为有高度自尊心和责任感的人。因此，斥责孩子时一定要注意场合和分寸，切莫在大庭广众之下训斥孩子，也不要说粗鲁、讥讽孩子的话。

（2）多一些鼓励，少一些情绪

在孩子犯了错以后，家长一定要及时控制自己的怒气，不要让它在心中持续，更不要以打骂来发泄，这样不仅使解决不了问题，反而会使孩子内心更加内疚和难受。父母应该对孩子无心的过错予以理解和帮助，在孩子犯错之后多些鼓励和引导，少一些责骂，会使孩子对自己的行为有更深刻的认识，从而更有利于改正。

（3）让孩子知道自己错在哪里

父母在斥责孩子的同时应该明确他的过错在哪里。由于孩子年龄小，知识经验少，能力有限，常常会惹出这样那样的事端来，却不知错在哪里。父母应实事求是地加以评价，讲讲道理，同时应帮助孩子分析原因，引导他自我反省。

（4）告诉孩子正确的做法

斥责本身只是一种教育手段，而不是教育目的，教育的目的是为了使孩子今后不再犯同样的错误。因此，父母在斥责孩子的同时还要耐心地教给孩子做事的方法。最好是暗示，让孩子自己去思考，去判断，通过自己的努力加以改进。

25. 给孩子一个顶嘴的机会

情景：

开完家长座谈会，一位年轻的妈妈喋喋不休地数落着孩子："怎么又考这点分，不是告诉过你要好好学习吗？你怎么就是不听话？"

"我没有不听话！我努力地学习了。"孩子红着脸，低声和妈妈说。

"那为什么还考这点分？你怎么证明你努力了？老师说你上课经常走神。"

"我没有。"

"还嘴硬，你没有，老师怎么会说你？"

"我在思考问题。"小男孩坚定地说道。

"还敢顶嘴！"妈妈一气之下打了小男孩一巴掌，孩子委屈地又哭起来。

很多父母都十分讨厌孩子顶嘴。他们认为，孩子顶嘴是向父母提出挑战，因此他们往往十分恼火，有时甚至怒斥或打孩子一顿。

父母大都有这样的感受，遇到孩子顶嘴真是一点办法也没有。是真的没有办法吗？不是。很多时候，父母一定要让孩子按照自己的意图行事，如果孩子顶嘴，就认为孩子没有礼貌，丢了自己的面子。其实，孩子顶嘴的目的并不是要把父母压下去、挑战父母，而是想通过说理来让父母改变最初的想法。所以说，是父母意识上的错误导致无法找到解决孩子顶嘴的办法。

如果孩子与父母经常发生顶嘴，就应该引起父母的注意。一般来说，孩子和父母顶嘴有以下几个原因：

（1）父母和孩子缺乏交流

有些父母一味采用家长制的教育方式，容不得孩子有半点不同意见。然而随着孩子的长大，孩子逐渐表现出自己的独立性，这时如果父母事无巨细地什么都管，孩子就会产生逆反心理。便会觉得父母对自己的行为干涉太多，就容易与父母顶嘴。家长应多与孩子谈心，多了解孩子的想法，知道孩子想什么、喜欢什么，就可以减少孩子顶嘴的情况的发生。

（2）父母平时对孩子过于溺爱

父母对孩子过于溺爱会使他们缺乏约束，不懂礼貌，在长辈面前我行我素，而父母又未能及时纠正其行为。等到孩子的坏习惯已经形成，要纠正就比较困难了。

（3）父母自己不够以身作则

父母平时在家中不注意自己的行为，对老人不尊重，往往为了一些小事和家人发生口角，这会对孩子潜移默化地产生不良的影响。父母事事处处应以身作则。倘若父母为人处事和和气气，尊重长辈，便可成为孩子的榜样，孩子也会听从父母的教导而不再顶嘴。

从上面的案例可以看出，孩子的顶嘴可能包含着许多积极的品质，比如说明孩子有头脑、有个性、有主见，否则孩子对父母"不合理"的要求只会忍气吞声。孩子的顶嘴，是他们对待大人"不合理"要求的公开抗争，也是一种心理宣泄，这样的孩子不会有畏缩心理、压抑心理及懦弱、保守、逆来顺受的性格，在某种程度上也能防止其他一些更为严重的不良心理品质的形成。

有时，孩子顶嘴是对父母教育方式不当的一种提示。比如：孩子做错了事，父母批评不得法，孩子会感到不服气而顶嘴；孩子没做错事，父母冤枉了他，孩子会感到委屈而顶嘴；孩子不想做错事，父母硬逼着他去做，孩子会感到厌烦而顶嘴等等。这时孩子顶嘴并不是什么坏事，它可以让父母反思一下自己的教育方式是否得当。

因此，在孩子与父母顶嘴时，父母应该给予宽容和理解，而不是和孩子"顶"起来，激化矛盾。与其生硬地说："不许顶嘴！"还不如说："宝贝，我理解你的感受，但是你能换一种口气说话吗？"或者说："孩子，妈妈不喜欢你这样说话，你应该心平气和地用你的道理来说服妈妈！"如果孩子正在气头上，父母也可以说："我知道你现在很生气，等你冷静下来我们再谈好吗？"

如果孩子有自己的见解，并且是正确的或者是有道理的，父母就不要随便给孩子下不听话的结论。父母应该尊重孩子的意见，承认自己的不足。

如果孩子不正确，那么顶嘴的这件事还值得探讨。父母可以按照以下的方法给予处理：

（1）控制情绪，不与孩子争吵，给孩子充分的讲话机会，让孩子把想说的都说出来。如果孩子说得正确，父母应该改变自己的看法并采纳孩子的意见；如果孩子说得不正确，父母应该心平气和地让孩子接受父母的要求。

（2）跳出争吵的漩涡，站在旁观者的立场，共同与孩子讨论"顶嘴"的问题。把激化矛盾的顶嘴，转化为一种讨论，通过各抒己见，在讨论中明辨是非。这样，正确的观点能够得以显现，错误的认识能够得以纠正，孩子辩论的才能也可以得到发挥。

（3）要确定正确的方法，无论是孩子正确，还是父母正确，都要通过一定的方式来促使双方接受正确的要求，这就是我们要提倡的民主式家庭教育。在孩子面前，父母说话的语气很重要，这关系到孩子接受父母意见的程度。

正确处理孩子的顶嘴，父母应该本着上适合宽容的原则，少一些"权威教育"，摒弃那种高高在上的权威姿态。父母需要具有足够的民主风范和赏识孩子的意识，把自己放在与孩子平等的位置，要以赏识的眼光看待孩子的顶嘴。如果以势镇人，以"大"欺小，则会挫伤孩子的自尊，导致孩子形成逆反和逃避的心理。

26. 你已经落伍啦——难以逾越的代沟

　　家境不错的黎先生为了让宝贝女儿开阔视野，决定把女儿送到国外的名牌大学。前两天，黎先生喜滋滋地把女儿从"贵族留学预科学校"接回家度周末。女儿在预科学校一年的花费将近十万元，但是她的成绩并不理想。因此，黎先生对女儿进行了语重心长的询问。第二天，黎先生出乎意料地看到一段令他心寒的文字："我恨你，我再也不想见到你……"望着女儿稚嫩的笔迹，身为专家的黎先生陡生挫败感，心灰意冷，他不明白：我对她千般呵护，万般宠爱，准备花一百万元送她出国读书，就因为批评几句，她就恨我至此，为什么她一点也不理解我的良苦用心？

　　臧女士的儿子读高三，正值高考，一家人对他爱护有加，生怕照顾不周，影响孩子复习。一段时间以来，臧女士发现儿子的手机费猛涨，在家也总是遮遮掩掩地捧着电话唠个没完，臧女士刚劝了儿子一句"时间宝贵，少打几个电话吧"。儿子勃然大怒"不让打电话，我就从楼上跳下去"，臧女士哑然。她不敢把这事告诉丈夫，怕丈夫发脾气打孩子，儿子真的跳楼。

　　一边是家长们的长吁短叹，现在的孩子太难管，不听话；一边是孩子们唉声叹气，父母怎么就不理解我们呢，他们不也是从我们这个年纪长大的吗？这种相互的不理解形成了代沟。

代沟是指两代人因价值观念、思维方式、行为方式、道德标准等方面的不同而带来的思想观念、行为习惯的差异。"代际冲突"即由这一差异而导致的两代人在解决问题方式、评价问题标准等方面产生的分歧和矛盾。

随着社会的发展，家长与孩子之间的"代沟"越来越深，这种现象成了众多家庭教育中出现的普遍问题。回避当然不是解决问题的办法，因为，"代沟"是客观存在的。

怎样消除代沟也成为值得所有家长探讨的话题。我们给家长朋友以下几点建议：

（1）父母要做子女的知心朋友

作为现代合格的父母应该认识到，家庭不能停留在家长制甚至封建专制时代，要自觉放下家长权威的架子，学会善于同子女交朋友，平等地同他们谈心，帮助他们排忧解难，使家庭内父母与子女之间形成民主、平等的气氛和新型的关系。要做到这一点，要从日常小事做起，如经常抽空与孩子交谈，陪同孩子参加活动，如买书、选购物品、体育锻炼、听音乐、看电影等，同欢同乐，增加接触孩子的时间，拉近感情的距离，增进互相了解，促使孩子健康成长。

（2）让孩子了解父母的疾苦

父母也不妨适当地向子女敞开心怀，谈谈自己的心里话，让孩子理解你的心情，也请他帮助父母想想办法，出出主意，共同商量解决的办法。这样，子女才会逐渐懂得家长们原来也有这么多难念的经，才会感受到子女应该关心体贴长辈。

（3）教育态度要温和

孩子的自尊心很强,他们希望得到他人的尊重。温和的态度,谆谆教导的方式,可以增加他们的信任感,也就容易接受善意的劝导。不能用粗暴的训斥、轻蔑的态度、讽刺的语言、过多的禁止与批评等,这都会伤害孩子的自尊心,使他们产生不信任、不合作的逆反心理,教育效果差。

(4)教育的方法要讲究

对孩子的教育要从小开始,坚持一贯,严格要求。要有相对稳定的一些"家规""家法",从小注意加强训练和培养。比如,晚上无故不在外逗留,不背着家长向别人借钱,不占小便宜,不撒谎,不准偷看黄色录像、黄色小说等,家长对这些是不能放松和迁就的,必须让孩子从小树立是非观念,爱憎分明,养成服从道理,讲究礼貌,遵纪守法的良好习惯。这样,子女才能理解家长的良苦用心,才能领悟自己在某些问题上还缺乏独立性、自觉性和正确的理解能力,仍需要长辈的帮助和指导,对父母的劝告和限制才容易接受。不然,假如父母从小溺爱孩子,让孩子习惯不讲道理,自我中心,毫无约束,我行我素,那么,随着年龄的增长,更无法管教。当然,只要不是"大逆不道",又不超过家庭经济能力,也当尽量满足孩子的要求,让孩子有自己相对自由的空间,尤其是在孩子的学习项目上,不要帮孩子做主。

当孩子产生一些过激行为时,有些家长可能曾采用了打和骂的武力手段教育方法,这是不可取的。因为简单粗暴的惩罚,只会引来孩子更深、更强的逆反心理,给以后的教育带来阻力,沟通愈为困难。对此,专家建议应适当给予惩罚,怎样才是适当的惩罚呢?后文中我们将为您详细介绍。

从某种意义上说,代沟是时代进步的标志,但也是困扰交流与沟通的难点，且容易增加形成偏见和歧视的可能性。代沟两侧的人轻则互不理解，重则抱有敌意，所以要通过种种途径，做各种努力来跨越代沟、填平代沟。代沟是一种心理存在，良好的沟通方式可以让代际之间曾经断裂的心理联系接续起来，从而达到交流的顺畅和相处的和谐。

进入青春期的青少年因依附性减弱，独立性增强，从而使亲子两代人在对待事物的认识上产生一定的距离。由于态度的不同及意见分歧，因此出现了一条心理鸿沟，致使青少年认为父母不了解他们、有事宁可与同学商谈，而不愿向家长诉说；甚至以不满、顶撞、反抗、违法等方式试图摆脱成人或社会的监护，以自己的方式行事，坚持自己的理想和判断是非的标准。形成代沟的原因有很多，归纳起来，主要分为生理、心理、社会发展、角色差异等原因。

生理上，青少年正处在发育阶段，体力和智力发展迅速，好运动、敢创新，但却耐力不足；成年人的身心已发展到最高峰，对人生、社会已有全面成熟的认识，态度和观念也已基本定性，缺少变化。

心理上，处于青春期的青少年，自我意识日益增强，有独立思考的要求，他们易冲动、易受他人影响，渴望独立、渴望得到成人和社会的承认；恰恰相反，成年人心理上已经完全成熟，个性也趋向稳定，对子女寄托的希望不断升值，他们习惯用自己的生活方式和思维方式去要求子女。现在，一些子女的青春期与母亲的更年期重合，处于更年期的母亲们很容易情绪波动、精神紧张，再加上繁杂的工作和家庭重负，使她们成为心理负担颇重的"易燃易爆"体。

从社会发展角度分析，两代人成长的社会环境不同，适应环境变化的能力也不同。父母的世界观和人生观可能和孩子的想法相去甚远。另外，两代人适应环境变化的能力不同，社会观念、社会环境、工作性质、生活方式、人际关系等方面的变化，对上一代人冲击较大，他们不能很快适应这个时代的发展，而正处在这个时代的青少年，能很快融入这个时代，能够迅速接受新鲜事物，两代人之间因此出现摩擦。

再者，二者所扮演的角色不同。作为父母，要承担一定的社会责任，需要履行抚养、教育孩子的义务。他们对子女有很高的期望值，希望孩子听话、有出息。而少年则处于被教育、被保护的地位，他们的要求很容易被忽视，尤其是父母的溺爱常常被他们看成枷锁。

可怜天下父母心，做父母的谁不想父爱母慈，儿女听话，有出息？要想一家和乐，缩短代沟，需要家长做出更多努力，尤其是精神准备。

那又如何解决父母与子女之间的隔膜呢？对此我们的方法是：

（1）倾听——满足孩子的"交流饥饿"

对于孩子而言，他们的生活圈和父母的生活圈同样重要，他们每天遇到的"大事"，同样值得关注。父母不能以自己几十年的经验认为，孩子所遇到的、所讲述的都是小事，而应当以孩子的角度看到，这是孩子"交谈饥饿"的需要，是建立代际亲密关系不可缺少的一环。

有些父母也注意倾听，但只注重听的动作，忽略了以怎样一种心理听，应该作何反应，因而也效果甚微。具体地说，倾听要有效果，应做到以下三点：

① 多听，听可以增进对孩子的了解，了解孩子自己的看法，了解孩子交的朋友，了解孩子的老师，了解孩子各方面的情况。总之，通过听，了解孩子的所思、所想、所为。

② 如果只是听，而没有任何反应，久而久之，孩子会感觉索然无味，

停止讲，不愿讲。犹如成人间的交流，需要心领神会的神情支持，双方才会兴致勃勃地交流。孩子也一样，只有大人饶有兴趣地听，有积极的情感反应，孩子才会更喜欢讲，更滔滔不绝地讲。父母的积极倾听就是对孩子的最好鼓励，也是对孩子心理需要的极大满足。

③ 在倾听的基础上，要参与到孩子的讲述中，以大朋友式的身份谈自己的想法和建议。这种参与式的谈话，可对孩子起到意想不到的潜移默化的引导作用。当然，要注意，父母不是主角，只是听者，父母应着重于引导孩子的思维，让他们自己找到处理问题的方法，而不是以自己的想法代替孩子的思维，这样才能培养孩子独立思考、创造性思维的能力。

（2）倾诉——让孩子与父母平起平坐

倾听让孩子感到得到关注，而倾诉则能让孩子感受平等。孩子喜欢父母把自己看作大人，比如小孩打针怕疼，如果我们说："你好勇敢呀，就像大人一样"，孩子立即会做出一副不怕痛的大人架势。

我们应该看到，孩子是不觉得自己小的，他们渴望能和大人平起平坐地讨论，孩子有这种渴望，而且，孩子也有这个能力。但在父母眼中的孩子是柔弱、单薄、不堪重负的，什么也不懂，大人的事情给孩子讲也没用，因此不愿也不习惯对孩子倾诉什么，或者在倾诉时，只与孩子分享自己的快乐，不与孩子分担自己的忧愁。

其实，孩子的潜能巨大，他们不仅能提出建设性的意见，有时甚至能成为父母的精神支柱。父母应把自己的人生体验、领悟告诉孩子，相互探讨。

倾诉给予了孩子极大的信任，从而鼓励孩子提出自己的观点。或许刚开始，孩子的观点略显稚嫩，但他们简单的想法、不同的角度，有时也能带给大人以启发；随着一次次的锻炼，听父母对问题的剖析与解决，孩子的社会经验就会逐步提高，甚至能提出父母不曾考虑到的方法。而且在孩子还没步入社会时，就注入一些社会元素，有助于增强他们以后的社会适应能力与竞争力。还能提高孩子分析和解决问题的能力，锻炼他们独立思考、创造、学习、批判的能力，能从别人的经验中找到值得自己借鉴的地方。当然，最重要的是建立了两代人"无话不谈"的习惯。

诚然，构建平等民主的家庭环境，不是一两天的工夫。倘若在裂痕出现之后，再开始缝合，这种缝合是困难又疼痛的，但只要父母放下架子，坚持科学的、艺术的交流，痊愈也是能够做到的。

平等关系需要从孩子幼时开始就长期经营，从有意到无意，逐渐变成父母和孩子的习惯，这样才最自然、和谐。如果两代之间的交流不是为了打破隔阂，而只是大朋友对小朋友的信任与意见；如果交流是孩子从小就养成的习惯，民主的观念也就扎根于父母和子女心中，并不会出现让彼此感到别扭的相互交流。

父母与孩子之间的平等是孩子健康自由发展的保障，而建立这样的家庭环境，需要父母和孩子平等的沟通：倾听与倾诉，从小孩幼时做起，父母与小孩的隔膜就不会出现；从现在做起，父母与子女之间的隔膜就会消除。

解决"代沟"关键在父母。

首先，要走出现代家庭的教育误区。有的父母特别苛求孩子，一不满意就体罚孩子，造成孩子暴躁、憎恨的心理；有的父母放纵孩子，家庭中孩子的行为没有可以遵守的规则，这样的孩子很任性，又特别依赖他人；还有的父母过分溺爱孩子，这些孩子外表很坚强，内心很软弱。因为教育方式不当，父母才觉得孩子难以管束，无法沟通。正确的教育方式应该是做民主的父母，尊重孩子，这样才可能构筑起相互沟通的桥梁。

父母要通过学习跟上时代。

多抽出时间与孩子聊天是好的，但这种认识是不全面的。与孩子说话的关键是"说什么"，有的父母与孩子谈话一说就崩，以后孩子就再不愿与父母说心里话了，这说明找孩子说话的形式不一定能解决父母与孩子的冲突。

父母与孩子的冲突只是"代沟"的表面现象，实际上是父母与孩子两代人价值观的冲突。一位女大学生爱上了修房工人，父母坚决反对。父母反对的原因是这种爱情不符合传统社会价值观，而女儿认为"爱是不需要理由的"，这是一种现代爱情价值观。两种价值观碰撞，仅仅靠多说话、多沟通是解决不了问题的。价值观是随着社会的发展变迁的，孩子是在变迁了的社会中建立了新的价值观，如果父母用旧的价值观与孩子去沟通，孩子是听不进去的。唯一的办法是父母不断去学习，跟上社会发展。

随着社会的发展，教育方式也在发展。过去的文化传递方式主要是父辈模范文化，孩子的价值观主要来自于父辈的言传身教。现代社会的文化传递是"平辈模范文化"，孩子的价值观主要来自平辈。而将来的文化传递方式是"子女模范文化"，父母要向孩子学习，全社会进入一个学习的时代。

要让孩子找到幸福感。

与孩子沟通父母首先应该称职。比如要喜欢孩子，经常与孩子亲近；与孩子一起解决困难；考虑孩子的感受，善于与孩子进行感情沟通；按照孩子的能力为孩子设计目标，让孩子体会成功的快乐；家庭中有确定的行为规范准则，让孩子有所遵循。

此外，父母还应该了解自己的孩子，现代社会孩子面临的压力很大，有学习的压力、发展的压力、与父母冲突的压力、与同学交往的困惑等。现在全社会都有成功焦虑，成功的标准又很单一，对孩子来说，考试成绩好、能上好大学成了成功唯一的标准。而实际上，一个人的成功标准不是唯一的，人最大的满足是精神满足，片面强调考上好大学，孩子自己感觉不到学习的乐趣，寻不到幸福感。社会在转型期价值观多样化，孩子自我选择价值观出现困难。父母应该了解孩子，才能沟通好。

作为家长，要对孩子宽容。与孩子沟通的时候，对孩子的不安、不满和不同观念不要紧张，要善于接纳。孩子很多行为的背后是有积极意义的，只是父母没有发现。

27. 惩罚也要讲原则和底线

要教育好孩子，就要不断提高教育技巧。要提高教育技巧，那么就需要家长付出个人的努力，不断进修自己。

——苏霍姆林斯基

情景一：

妈妈想要宝宝关了电视去洗澡，小家伙却跟没听见似的，继续坐在电视机前。于是，妈妈提高了声音，继续下达指令。直到妈妈的声音都变了调，变成了一种怪异的吼声，小家伙才意识到问题的严重性，慢悠悠站起身走向洗漱间。再过些日子，即便妈妈对着宝宝吼叫，他也会无动于衷，甚至还会跟妈妈顶上一句："我不洗澡，我要看电视！"非要妈妈巴掌相向，小家伙才会哭哭啼啼听从指令。

情景二：

奇奇3岁前以爷爷奶奶带为主，两个老人很宠孩子，家里条件很好，孩子从小要什么都满足。有时候不给，孩子一闹东西就到手。孩子3岁后以妈妈带为主，他还是用对付爷爷奶奶的方法对付妈妈。妈妈再打，他也要坚持到最后答应他的条件，妈妈又是讲道理，又是打，却没有任何用处。讲完了、打完了，最后还是满足了孩子的要求……

虽然越来越多的爸妈意识到"棍棒教育"的弊端,但是当宝宝表现得特别顽劣,而我们又无计可施的时候,还是会不由自主地举起手中的"大棒",试图尽快解决问题。当然,很多时候,这种方式貌似"立竿见影"地解决问题,但是,令人遗憾的是,这种"立竿见影"往往不会长久,甚至会带来更多的问题。

我们很容易被惩罚最初"卓有成效"的假象所迷惑,继而在改变宝宝行为的"斗争"中陷入惩罚的怪圈。而事后我们却会沮丧地发现,惩罚终究还是无济于事。这就跟我们看恐怖片似的,看多了,再多恐怖的电影都吓不住我们了。实际上,惩罚对于被罚的人来说只是一种负面的刺激,它最初具有的那种威慑力会随着惩罚次数的增加而减弱。

人类与生俱来就有一种适应环境的能力,不管什么样的刺激,即便这种刺激最初带给我们很强烈的震撼,刺激多了,我们就适应了,习以为常了,不会再给它以格外的关注,所以有"久而不闻其香","久而不闻其臭","熟视无睹"一类的生理反应。

当我们听到爸妈控制不住自己激动的情绪对着宝宝大声吼叫"跟你说过多少遍,不许……不许……你就是记不住!"的时候,真正需要反省的其实是爸妈,而不是宝宝。经常性的惩罚会让宝宝变得越来越皮,无视惩罚的存在。这就是为什么那些没怎么被惩罚的宝宝往往更乖巧,而那些经常挨罚的宝宝反而更顽劣的根本原因。

惩罚是一门家教艺术,惩罚能否达到预期的效果,关键是看父母能否使用得当。

惩罚也要选择策略:

（1）实施时间

像治病一样，早治不如晚治。对儿童而言，延迟几小时的惩罚基本已不能防止同类错误的发生。

（2）强度

孩子而言，不能简单地认为惩罚强度与抑制不良行为的效果成正比。过轻会让孩子萌生满不在乎的"油条"心态，过重则容易引发其不良焦虑及憎恨、远离的反应。

（3）连贯性

这是很重要的一点。不能有时候毫不留情，有时候又熟视无睹，这会让孩子无所适从，错误行为也难以消除。非连贯性惩罚不会给孩子留下"记忆"，反而使孩子的错误行为得到"强化"，甚至使这些行为变成习惯，以导致极端"反抗"以后的惩罚。

（4）说理性

只有说明道理才能达到治标又治本的彻底效果，原因是说理不仅能使孩子清楚他们为什么不能做某事，同时还能使孩子知道违规受惩罚，完全是自己造成的，从而萌生自我教育、自我控制的自觉性。

最后，家长仍要注意，惩罚只能视为一种不得已而用之的教育手段。教育孩子，还应以多鼓励、表扬为原则。惩罚不能是单纯的体罚或责骂，这需要家长首先学会控制自己的情绪，避免把惩罚孩子变成个人发泄行为。

（1）犯错就要处罚

如果孩子生气时把一片玻璃打碎，虽非故意，你也要教育他这是他的过错。他虽然没有料想到自己行为的后果，但他仍要负赔偿之责。

（2）"量刑"要适当

惩罚孩子的目的自然是为了引起孩子的良性转化，那么惩罚的"量刑"就必须合乎孩子的行为。惩罚过重容易引起孩子的对抗情绪，太轻了又不足以使孩子引以为戒。因此惩罚孩子要以达到目的为原则，既不能轻描淡写，又不能滥用"刑罚"。

（3）要"教"而罚

惩罚孩子不能半途而废，应要求受罚的孩子做出具体的改错反应才能停止。

家长要态度明确，跟孩子讲清楚他应该怎么做、达到什么要求或标准，否则有什么样的后果。如孩子有乱丢东西、不爱整理的习惯，家长在惩罚时就应该让其自己收拾好东西、整理好玩具；使其明白必须要做好，否则又要受罚。

（4）惩罚之前先警告

在惩罚之前，先对孩子警告，一两次警告就会让孩子警惕，他必须改正自己的行为，否则就会受到惩罚。

（5）不要讽刺挖苦

父母惩罚孩子不应该讽刺挖苦，更不能自持"孩子是我生的"而随意指责谩骂。这会刺伤孩子的自尊心。因此，做父母的应该牢记自己惩罚孩子的目的是帮助孩子改正错误，决不是为了图一时嘴巴痛快而去刺伤孩子的自尊心。

（6）父母要配合

父母教育孩子要相互配合，态度一致。该罚时态度明确、措施果断，让其真正知道自己的错误。只有这样，才能培养孩子明辨是非、知错即改的品行。如果在对孩子实施惩罚之后，父母中的一方认为孩子受了委屈，随即又用钱物或食品来安慰他，这将会使惩罚失去作用。

（7）点到为止

有些家长教训孩子喜欢没完没了，而且还时不时地喝问孩子"我的话你听见了没有"。孩子慑于家长的威严，为了免受皮肉之苦；只能别无选择地说"听见了"，其实他可能什么都没听进去或者根本就没听。

父母的唠叨太多了，让孩子分不清主次，不知道听哪一句为好；再者，经常性的唠叨多了，也会导致孩子耳朵"失聪"，使教训失去效果。因此，家长在教育孩子时务必要改掉爱唠叨的毛病，凡事点到为止，然后观察孩子的反应再采取适当的应对措施。

另外，父母对孩子惩罚时要实事求是，偏离事实的指责，孩子是不会服气的，也达不到惩罚的效果。同时，惩罚要注意场合，当众指责孩子，会极大损害孩子的自尊心。

28. 不再回避孩子的问题

情景一：

珊珊看着爸爸妈妈的结婚相册，问："爸爸和妈妈为什么结婚呢？"

妈妈告诉她："因为爸爸和妈妈互相喜欢，觉得在一起生活很开心，所以就结婚了。"

珊珊说："那我也想和爸爸结婚。"

妈妈想了想，说："珊珊长大了也会和喜欢的人结婚的。"

"我喜欢爸爸。"

妈妈摸摸珊珊的头说："嗯，珊珊长大了要是能和像爸爸一样温柔的人结婚，那该多好啊。"

情景二：

小童在上钢琴课的时候看到一个双目失明的孩子，他想看不见东西怎么可以弹琴呢？于是他闭上眼睛试了试，觉得真的很难。他忍不住问爸爸："爸爸，为什么那个小朋友的眼睛看不到呢？你不是说女娲娘娘造出来的人都是一样的吗？"

那个孩子的父母也在场，爸爸觉得挺尴尬，但是看着孩子单纯的眼睛，爸爸还是回答说："可能女娲娘娘打瞌睡了吧，你知道谁都有打瞌睡的时候啊。"

小童说："那他真可怜呀。"

爸爸认真地望着小童的眼睛说："他一点也不可怜。他虽然看不到，要比别的孩子付出更多的努力，但是他热爱音乐、刻苦练习，所以他的琴比很多正常的孩子弹得还要好，他的爸爸妈妈一定为他骄傲极了。"

孩子对任何东西都有好奇心，但有好奇心并不代表孩子会思考问题，只有当孩子会对好奇的事物或现象提出问题的时候，真正的思考才开始。所以当您的孩子提出"为什么？"的时候，您千万不要敷衍了事、草率回答，因为这表明孩子已经会思考问题了。

孩子的每一个"为什么"都是孩子对事物缘由或目的的想象；每一个"怎么样"都是孩子对事物发展过程与机理的思考；每一个"是什么"都代表了孩子对新事物的好奇和探索。不管用什么办法，当面对孩子的各种提问时，您都要尽可能回答。

如何回答孩子的提问？

（1）回答要做到科学、严谨、合理，符合孩子心理和认知水平

在回答孩子问题的时候尽量使用规范用语，语气要符合孩子的口气，语速要放慢一些，在讲解答案的时候可以借用手势、动作、操作等。

（2）寻求他山之石

如果对于孩子的问题，一时难以解释明白，或者没有更多时间来说，可以引导孩子自己去找问题的答案，或求助于书本、专业人员、同学等等。这样既可以保护孩子的好奇心和求知欲，也锻炼孩子独立解决问题的

能力。

（3）保持耐心

如果孩子的问题太多，您觉得有些回答不过来或感到烦躁的时候，您千万不要抱怨宝宝，更不要说："烦死了，你怎么有那么多问题？"这样会打击孩子爱思考的学习欲望。您可以这样说："这是今天妈妈可以回答你的最后一个问题，我们还有很多事情要做呢，明天再开始！"这样既不伤害孩子，也保护了孩子好思考的学习兴趣。

（4）反问

如果有一天，你的孩子问你一些诸如性、死亡、政治类的难题，你也许应该先简单地问："你听到些什么？"让你的孩子先表达自己的理解，甚至是误解，从而发现他的问题和真正关心的是什么。

（5）采用多种方式

如果有条件，在您回答问题的时候，您可以采取操作游戏材料的方式帮助孩子理解答案，还可以用实物来进行说明，既可以把问题解释得更加明白，又锻炼了孩子的动手能力和观察能力。

（6）认同孩子的感受

与孩子沟通时，有一点要非常注意，那就是无论你的孩子感受是什么，你都要让他明白你是认同他的。只有他感觉到了被认同和接受，他才能真正感觉好受和解决了问题。而且如果孩子知道你认同他的感受，他们才会更愿意敞开心扉和你沟通，告诉你他更多的感受。质疑孩子所说的话，那绝对将会成为你们之间的沟通障碍。

接下来邀请各位家长做一个小测试，看看您能很好地为孩子解答问题吗？

如果孩子问您："汽车为什么能跑？"您会怎么回答？

A. 汽车肚子里有一个发动机，发动机最喜欢吃汽油，吃完汽油以后它就开始工作了，它会告诉车轮子转动，车轮子一转动汽车就跑起来了。

B. 汽车要吃东西，吃完东西汽车有力气，车轮子转得动，汽车就可以跑了。

C. 因为汽车有轮子，有轮子当然就可以跑了。

分析：

（1）如果您的回答是 A

您的回答比较符合认知程度稍强一些的宝宝。您能用宝宝的语言把复杂的科学道理讲解给宝宝，尽管宝宝不知道什么是发动机，但通过您的解释，宝宝基本能理解汽车工作的原理和程序，这样的解释比较符合科学精神——严谨、真实。您的回答不但满足了宝宝的好奇心，同时也留下了宝宝可以探索的空间。随着他学习能力的提高，他会主动去寻找关于"发动机"的信息。

（2）如果您的回答是 B

您的回答最符合绝大多数孩子的认知水平，也是孩子最可以接受的一种方式，因为您用孩子的语言解答了他的疑问。而且在您的回答里，您还能用最简略的语句表明了汽车工作的过程。但要提醒您，在引导孩子进行科学学习时，首先要注意尽可能使用科学用语，回答应该更合理一些，让孩子对一些科学概念一步到位。

（3）如果您的回答是 C

您是一位不太善于回答孩子问题的家长。您的解释太肤浅，没能很好地解释为什么，也没有阐明科学原理。可能孩子还会接着问，您千万不要敷衍了事。

29. 让孩子没有心魔——嫉妒

案例：

我的孩子 4 岁了。有时他表现不好时，我们就拿邻居小朋友小宇给他做榜样："小宇可乖了，小宇就好好吃饭。"渐渐地我发现，我再提小宇如何时，我的孩子会说："小宇不乖，小宇臭！"甚至见了面也不理小宇。有时还会跑过去，推人家一把。上次我去幼儿园接他，老师告诉我，今天在做操时，儿子故意绊倒小宇，让小宇磕破了膝盖。我的孩子为什么会这样？我该怎么办？

嫉妒是一种心理缺陷。英国科学家培根说："在人类的一切情欲中，嫉妒之情恐怕要算做最顽强、最持久了。"少年儿童正处在发育和成长之中，这种嫉妒之心也就更多一些。孩子的嫉妒心基本上都还处于萌芽期。但有嫉妒心的孩子在集体生活中是不受欢迎的。当一个人嫉妒另一个人的时候，就不会对那个人友善、热情，两个人的关系必然冷淡。孩子嫉妒的对象越多，关系冷淡的对象也就越多。这就给孩子的社会交往能力的发展带来极大的障碍。所以，嫉妒心也是孩子的人际智能发展道路上的一块大绊脚石。

嫉妒心强的孩子一般有如下表现：

（1）盲目骄傲自满

嫉妒心强的孩子往往看不到或不愿意承认他人的长处和优点，过分自信，甚至自大。认为什么都是自己好，明知道自己不如别人，还要强词夺理，故意挑刺贬低别人，有时还冷落、不理睬比自己强的人。

（2）感情上过于自私霸道

有些孩子只允许父母、老师关心他一个人，以他为中心，一切围着他转；不愿意父母与客人讲话，不愿意老师表扬其他小朋友，看到别人受表扬就不高兴，甚至嫉恨。

（3）不切实际地争强好胜

有些孩子处处要求占上风，不能同小朋友平等相处，喜欢别人听他的指挥；与小朋友一起游戏时，自己总要挑最好的玩具，选最好的角色；比赛时，只能胜不能败，只能赢不能输；败了输了就发脾气或诡辩，破坏游戏规则，使大家不欢而散。

（4）爱虚荣

有些孩子喜欢在同伴面前炫耀显示自己，对不如自己的人讥笑、嘲讽，对强者挑刺、中伤，背后讲坏话，搞恶作剧等，甚至可能采取不正当的手段去伤害别人，使自己陷入更恶劣的处境。

因为对自己和别人的认识过于主观和偏激，所以有嫉妒心的孩子在发展内省智能方面也困难重重。

嫉妒心的产生，与人最关心的事物相联系，因年龄而异，因人而异。孩子们之间的嫉妒常常反映在以下问题上：

（1）因别人学习好而嫉妒

学习是孩子们的主要任务，学习成绩是评价孩子的重要指标。因此，有的孩子学习不如别人就嫉妒别人。有一个班级曾经发生这样的怪事：在期中考试前一个星期，班上成绩最好的几个同学的笔记本不翼而飞，这几个同学着急的心情可想而知。考试之后，笔记本又回到了那几位同学的课桌里。显然，这不是一般的恶作剧，是某个同学出于嫉妒心理，采用了不道德的手段。

（2）因别人受表扬而嫉妒

这在孩子们中是常见的现象。别人受了表扬，有的孩子暗中不服气，有的公开挑人家的缺点，也有的故意表现出无所谓的态度。其实，他们的心理反应是："有什么了不起，我也做得来。"

（3）因别人受到老师重视或与老师关系好而嫉妒

这也有老师的责任，应该调动每个同学的积极性。嫉妒是没有好处的，有的孩子因为不被重视或与老师关系不如别人而嫉妒受老师重视及与老师关系好的同学，并且常常迁怒于老师，背后议论老师，甚至对班上的某些事情采取消极的态度。

（4）因同学之间的亲疏而嫉妒

同学之间的亲疏变化，常引起嫉妒心理的产生。

（5）因别人有较好的衣服、文具等而嫉妒

孩子们普遍希望有漂亮衣服、名牌衣服、好的文具、好的玩具等，由于家庭条件不同，家长教育方法不同，总会产生有这个没那个的现象，这是正常的。但是，一些孩子会因此而产生嫉妒心理，对有比自己好的东西的同学"气不忿儿"，总想比过人家。当别人的东西脏了、坏了时，甚至幸灾乐祸。

嫉妒是人类心因动机之一，每个人都会产生嫉妒，而且是从儿童时期

151

就开始了。随着人的成长和成熟,很多人对嫉妒情绪有了认识,能够进行自我调控,因而表现就不一样了。这样看来,嫉妒心强,爱嫉妒别人只是孩子心理不成熟的一种表现,家长不必过分担心,只要引导得法,孩子的嫉妒是不难克服的。

家长应如何疏导孩子的嫉妒心理呢?如何帮助孩子将嫉妒程度降至最低限度,帮助他将嫉妒心转化为其他具有建设性的感情呢?

(1)让孩子明白嫉妒的危害

既然嫉妒是一种不良的心理,父母就应该让孩子明白嫉妒的危害。嫉妒主要有两方面的危害,一是破坏人际关系的和谐,如果孩子嫉妒一个同学时,他就不会对那个同学表现出友善的行为,两个人的关系必然冷淡。因此,孩子嫉妒的同学越多,造成的危害就越大。二是嫉妒会让孩子心里感到痛苦,一个嫉妒心强的孩子由于老是想着别人的事情,常常会陷入苦恼之中不能自拔。时间长了会产生自卑,甚至可能采取不正当的手段去伤害别人,使自己陷入更恶劣的处境。

让孩子明白嫉妒的危害,目的是让孩子知道,嫉妒他人其实是一种庸人自扰,是自己给自己找麻烦。同时,父母可以教育孩子正视别人的长处,容忍别人比自己出色。

(2)教育孩子承认差异

父母要教育孩子,现实中的每个人都有长处和短处,不是表现在这方面,就是表现在那方面。如果孩子只看到自己的优点,看不到别人的优点,就会接受不了别人超过自己的事实,要使自己在某方面好起来,只有靠自己奋进努力。父母可以教育孩子正确看待自己,不要过高地看待自己,也不要过低地看待自己。千万不要用贬低孩子所嫉妒的对象来减轻孩子的嫉妒心理，那样反而会导致孩子过多地注意别人的不足而放弃自己的努力。

（3）让孩子发挥自己的优势

金无足赤，人无完人。每个人都有自己的长处和优势，虽然某些方面自己不如别人，但是，却有可能在其他方面超过别人。父母教育孩子学会全面地认识自己，既要看到自己的长处，也要正视自己的不足，做到扬长避短、发挥自身优势，不断提高自己。教育孩子经常反问自己："我现在各方面表现如何？""我有什么优点？""有什么缺点？""我能再前进一些吗？""我的成绩还可以提高吗？""我是否应该听取爸爸妈妈的意见？"等。同时，教育孩子在班上给自己寻找追赶的榜样，看到别人的长处，发挥自己的优势去追赶他人。

（4）正确对待别人的成绩和进步

教育孩子正确对待别人的成绩和进步。如果别人取得了较好的成绩，应该正确看待，要看到其中的艰辛，对于别人的成绩，不要过分在意，更不能采取贬低、打击的态度，而是要抱无所谓的态度，奋发图强，超过他人。如果孩子能够客观地看待别人的成绩和进步，孩子就可以克服嫉妒的心理。

（5）让孩子充实自己的生活

嫉妒往往会消磨孩子的时间，如果孩子学习、生活的节奏很紧张，生活过得很充实、很有意义，孩子就不会把注意力局限在嫉妒他人身上。父母应该帮助孩子充实生活，让孩子多参加一些有意义的活动，转移孩子的注意力，使孩子把精力放在学习和其他有意义的事情上。

总之，家长不要过多地指责孩子，应该帮助他分析每个人的长处和不足。应该让孩子知道，一个人的能力是有限的，发现什么方面不如别人就应该虚心地学习，努力地提高自己。也不要过分地夸奖或炫耀孩子的长处。过分地夸奖或炫耀孩子的长处，时间久了，易使孩子产生"我比谁都强"的心理，很难接受别人超过自己的事实。大人在夸奖孩子时一定要实事求是，不要夸大其词，并在表扬孩子时应指出其不足之处。家长应将孩子的嫉妒心转化为竞争意识，即让孩子把注意力放在"怎样赶上别人"的进取心上。让孩子找出自己落后的原因不在别人，在于自己，应该不断地提高自己，充实自己，只有这样才能在竞争中得胜。

查理·罗斯在1901年读高中毕业班时是最受老师宠爱的学生。他的英文老师蒂莉·布朗小姐，年轻，漂亮，富有吸引力。

大家都知道查理颇得布朗老师的青睐，由于布朗是校园里最受欢迎的教师，这给查理心理上带来了许多压力。

查理必须勤奋学习以捍卫"老师的宝贝"这一称号，他得比其他同学多读多学一点。尽管如此，还是有人在背后嘲讽他，说如果他将来若不成为一个大人物，布朗小姐是不会原谅他的。

正如他们所想的，查理后来真的成为一个了不起的人物，这大概与毕业典礼上发生的事情密切相连。

毕业祝词完毕后，开始发毕业证书。当查理走上讲台去领毕业证书时，受人爱戴的布朗小姐站起身来，出人意料地向他表示了个人的祝贺——她当众吻了查理。

不错，查理曾作为学生代表在毕业典礼上致告别词，他也曾担任过学生期刊的主编，他也曾是"老师的宝贝"，但是这就足以使他获得如此高的荣誉吗？

毕业典礼后，许多毕业生，尤其是男生，对布朗小姐这样不怕难为情地公开表达自己的偏爱而感到愤恨。有几个男生包围了布朗小姐，为首的一个质问她为什么如此明显地冷落其他学生。

布朗小姐并不惊慌，她说查理是靠自己的努力赢得了她特别的赏识，如果其他的人有出色的表现，她也会吻他们的。她说她不会食言的。

若干年后的一天，布朗小姐突然接到来自白宫总统秘书室的电话。打电话的是白宫负责出版事务的首席秘书查理·罗斯，那个当年在毕业典礼上被她当众亲吻的优秀学生。

原来，那个吻之后，查理·罗斯感到更大的压力。他已经引起了别人的嫉妒，更是少数坏学生的攻击目标。他决心毕业后一定要用自己的行动来证明自己值得布朗小姐之一吻。

毕业后几年内，他异常勤奋。先进入报界，后来大出风头，被亨利·杜鲁门亲自任命为白宫负责出版事务的首席秘书。

布朗小姐感到很欣慰，也很开心，查理·罗斯依旧是她最为得意的学生。但令她意想不到的是，查理·罗斯竟然向她转达了亨利·杜鲁门总统的问候。原来，在1901年的毕业典礼上带头包围布朗小姐、并告诉她自己受到冷落的男生，正是亨利·杜鲁门。布朗小姐也正是对他说过："去干一番事业，你也会得到我的吻的。"

查理·罗斯向她转述了杜鲁门总统的问话："我现在做的能够得到您的评价吗？您还记得我未曾获得的那个吻吗？"

嫉妒心有很大的危害，嫉妒心强的人容易得病。由于他长期处于一种不良的心理状态中，情绪上总有压抑感，久而久之可能导致器官功能降低，产生不良的身心反应。因此又可引起忧愁、消沉、怀疑、痛苦、自卑等消极情绪。这样一来恶性循环，会严重损害身心健康。那么染上嫉妒的少年儿童如何克服这一性格上的弱点呢？

（1）培养豁达的人生态度

心胸开阔，要懂得"天外有天，人外有人""强中自有强中手"，这是客观规律。摆脱一切私心杂念，心胸开阔，不计较眼前得失，更不要花时间和精力去嫉妒他人的成功。一个埋头于自己的理想追求的人是无暇顾及别人的事的。俗语说"无事生非"，正出于此。一个人没有理想，胸无大志，无所事事，就会去挑别人的刺，寻别人的短，自己不进取，却去阻碍他人前进，唯愿众人都平庸度过，相安无事。

（2）转移注意力，给自己一个不嫉妒的理由

当一个人有很多事情要做时，他就无暇去嫉妒别人。因此，如果孩子积极参与各种有益的活动，努力学习，使自己真正充实起来，那么，嫉妒的毒素就不会滋生、蔓延。为了缓解自己的失败带来的心理上的不平衡感，可以找一些理由，使自己不再嫉妒别人。

（3）看到自己的长处，化嫉妒为动力

一个人在嫉妒别人时，总是注意到别人的优点，却不能注意自己比别人强的地方。其实任何人都有不如别人的地方，当别人在某些方面超过我们时，我们可以有意识地想一想自己比对方强的地方，这样就会使自己失衡的心理天平重新恢复到平衡的状态。

（4）把精力用到学习中去

英国学者培根说得好："每一个埋头于自己事业的人，是没有工夫去嫉妒别人的。"每一时期都为自己规定一个奋斗目标，孜孜不倦地为实现

这个目标而努力，不断地对自己提出更高的要求，从而不断努力。这样便不容易被周围的变化所分心，嫉妒心理就很难形成。

（5）密切交往，加深理解

许多嫉妒心理是由误解产生的。嫉妒者误认为对方的优势会造成对自己的损害，从而耿耿于怀。所以要打开心扉，主动接近，加强心理沟通，避免发生误会，即使发生了也要及时妥善地消除。

总之，对别人产生了嫉妒并不可怕，关键要看你能不能正视嫉妒。你不妨借嫉妒心理的强烈意识去奋发努力，升华这种嫉妒之情，把嫉妒转化为成功的动力，化消极为积极，超过别人！

30. 学会宽恕，得饶人处且饶人

"金无足赤，人无完人。"世界上十全十美的成人是没有的，何况是正在成长的孩子。孩子身上所谓的优点和缺点是辩证的，表面是缺点，实质却包含着优点的潜能；今日的缺点，也许就是明日的优点。辩证法告诉父母们，一切事物都处于转化之中，在一定的条件下，一个孩子的缺点一定会转变成为优点。

美玉也有瑕疵：孩子有缺点不可怕。

人的能力从生下来那天起，就是在各种客观影响下而成长起来的。因此作为缺点表现出来的东西，也可以说是客观形成的一种能力。既然是作为能力养成的，要想完全矫正也是很难的。无论是缺点还是优点，如同我们现在再也不能改变我们的过去一样，是既成事实的东西，无论如何是不能否认的。我们所能做的只有反省过去，从中吸取经验教训，以便重新沿着正确的方向努力。

那么，当孩子感觉到自己不如别的孩子做得好的时候，他们会对自己的能力产生怀疑。他们往往会到父母那里寻求一个证实或者一些安慰，这时候，父母不应再给孩子的伤口上撒上一把盐，而应该宽容、鼓励孩子，让孩子始终对自己充满信心。

每个孩子的能力都是不同的，他们总会在一些方面有不足甚至是缺陷。这时候，如果连父母都看不起他们，甚至嘲笑他们，那孩子会更加自卑，甚至自暴自弃，从而毁了孩子的一生。

所以，赏识孩子，不仅仅表现在夸奖孩子的优点和长处，也不仅仅是激励孩子更加努力和勇敢，还包括如何正确对待孩子的缺点、短处甚至是身体的缺陷。通过宽容孩子的缺点，可以帮助孩子克服缺点、弥补缺陷，从而健康地成长。

孩子的可塑性是很强的。可以说，不论什么样的缺点和不足，都可以纠正过来。例如：

有一个叫丽丽的孩子，已经上幼儿园了，她最不喜欢上的课是手工课，因为她总是不能顺利地做好老师教的内容，她的手不像其他孩子那样灵巧。为此，她非常苦恼，回家问妈妈，妈妈对她说："每个人的能力是不一样的，你可能不如别人手巧，可是你也有很多他们没有的优点。再说了，妈妈小时候还不如你呢，你看我现在不是什么都会做吗？"

妈妈的话让丽丽信心大增："对啊，我虽然不如别人手巧，但是我能唱出好听的歌曲，还会给其他孩子讲故事呢。"

上小学后，她开始讨厌体育课。因为很多体育项目她都做不好，她不如其他孩子跑得快，不如其他孩子跳得高，甚至连一些简单的动作都不能顺利地完成。为此，体育老师也经常说她"笨"。看着别的同学在操场上快乐地跑着、跳着，她只能伤心地掉眼泪。

她去找爸爸诉苦，爸爸把丽丽揽在怀里，心痛地对她说："不是你笨，是爸爸不好，把这个缺点遗传给了你，我小时候还不如你做得好呢，不信你看……"爸爸说着，非常笨拙地在地上做了一个前滚翻的动作。看着爸爸笨笨的样子，丽丽不禁笑了起来，原来这么优秀的爸爸都有缺点啊。

就这样，丽丽一直生活在父母的鼓励下，后来，她无意中得知自己曾经得过脑瘫。

不过，在父母的长期熏陶和教育下，她接受了这个现实，并最终成为一个正常而且出色的孩子。

孩子或多或少都会存在一些缺陷，只是程度不同。对于具有明显生理缺陷的孩子，父母更应该通过自己的赏识和鼓励，给他们生活的自信和勇气。有时候，甚至需要一些善意的谎言，巧妙地"骗"一下孩子，让孩子在谎言中忽略自己的缺点，抹平心中的自卑。

面对有缺点的孩子，父母不仅要安慰孩子、鼓励孩子，帮助让孩子树立信心，更要注意发现和培养孩子的优点和长处，帮助孩子扬起生活的风帆，创造人生的辉煌。

那么，怎么样才能做到宽容孩子的缺点，教育好自己的孩子呢？

首先，要了解的一点是，孩子是生来就不同，说得直率一点就是人生下来就不是平等的，孩子的某些缺点可能就是他的个性所致，这不完全是他自己能够控制的，所以，父母不能以"孩子不应该这样"的想法来教育孩子，而是要同情孩子的缺点，这不是他的错。虽然需要改正，但是，要知道如果你的孩子改正了，他比没有缺点的孩子付出了更多的努力，他事实上更优秀。

父母们之所以不接受这样的观点，主要是父母们以大家的标准来判断问题，这对孩子是不公平的。也许你会说，父母们本来就生活在一个成者为王的社会，不错，社会是难以绝对公平的，但你对自己的孩子不能不讲，如果你不诚实，你的孩子就会向你学习，他也会对你不诚实，你再想让他接受其他的观点，就很难。

父母只有接受孩子的缺点，同情孩子的缺点，才能心平气和地帮助孩子纠正缺点，所以在教育孩子上，心态同样决定一切。

同情孩子的缺点，就是把孩子当成一个感冒的病人，你会责怪一个生病的人吗？其实人的缺点不就是意识上的感冒吗？该打针吃药就打针吃药，哪有什么应不应该感冒的说法呢？

其次，要了解的是人都喜欢听赞扬的话，对自己的缺点不是不清楚，而是不愿意别人说得太清楚，所以父母不要直接攻击孩子的缺点，那只会引起他的反感，这是一种本能的自我保护，谁都一样，换作自己又有什么不同呢？

所以在指出孩子缺点的时候，最好先给他上点麻药，也就是先赞扬他的优点。孩子很粗心，你可以先夸他做事很果断，就是细心差了一点；孩子语文不好，数学不错，你当然是先夸他数学厉害，语文再加把劲那就更厉害了。

再次，避免错误的家教观念。让孩子出色是父母的最大心愿。然而，父母教育孩子的错误观念以及由此导致的有害的家教方法，不仅不能纠正孩子的缺点，反而促成了孩子的不健康成长。而抱着一味批评和指责，认为棍棒出才子，企图用这种压力迫使孩子改正缺点、错误的想法肯定是错误的。这种做法，往往使孩子越来越没有信心，结果只能是情况越来越差。

孩子总会渐渐长大的，特别是进入青春期的孩子，他们的逆反心理会越来越明显，故意不听话，甚至与父母对着干的情况时有发生。这种情况如果单纯归为孩子的缺点显然不太科学。对此，父母究竟应该怎么办？不少父母采取强制孩子听话的办法，坚决不允许孩子的不顺从行为，这是很不恰当的。强制服从，即使孩子表面上屈服了，但他们的心里是不服的。心理压抑久了，总有一天要爆发，到那时，酿成大问题，后悔可就晚了。

错误的方法只能得到错误的结果，因此，每一位做父母的，在抱着教育孩子改正缺点、发扬和光大优点的美好愿望的同时，千万不要一厢情愿，不讲科学，采取这些错误的方法来教育孩子。

所以，要宽容孩子的缺点，如果做了，你就会发现孩子更多的优点，还会让孩子更好地改掉缺点，形成更多的优点。

31. 纠正孩子说脏话的坏毛病

"冰冻三尺，非一日之寒。"出口成"脏"的孩子虽为数不多，但影响不好。对这样的孩子，应采取暂时的冷漠，不理睬他，以不高兴的脸色、严厉的语调等来对待，这些都会帮助孩子明辨是非，抑制、减少他的不良行为，从而建立良好的行为规范。不良行为一旦成了习惯，克服它是要有一定的过程的。在帮助孩子纠正骂人的坏习惯时，也可以鼓励孩子通过努力改掉坏毛病。例如，可把"不骂人"列入"一天行为要求"中，如果孩子做到了，就一定要表扬，坚持下去，定会有成效。

程妈妈说："我儿子8岁了，上小学二年级，可能是我平时太忙，和孩子沟通比较少，前一段时间我突然发现儿子爱说脏话，我狠狠地教训了他一顿，当时他答应不再说，可坚持了没几天，又依然如故。现在，我对此真是很头疼，不知道该怎么教育好。"

对此专家给的建议是：

（1）创设一个文明的语言环境

如果家长说话粗俗，满口脏字，这就很容易使孩子去模仿。因此，家长应该提高自身的修养，为孩子做出良好的榜样。

此外，家长还应该有目的地筛选影视作品；让孩子结交语言文明的小伙伴，尽可能杜绝孩子学脏话的渠道。

（2）避免强化孩子说脏话

在孩子刚刚说粗话脏话的时候，往往只是一味地模仿，根本弄不清楚这些话的含义。这时，如果家长觉得有趣或是表现出过度紧张或气愤的样子，孩子可能会误以为脏话是一种很有趣或是很特别的话语，从而重复地练习与模仿。

此刻，家长应该做的，就是尽量保持平静，让孩子觉得粗话脏话跟其他平常的话语没什么差别。一旦孩子觉得这样的话语不能引起别人的注意，他们就会觉得索然无味，不会再去故意模仿这些词汇了。

（3）用恰当的话语表达内心感受

家长想要引导孩子用文明的话语去表达自己的想法，就先要教会孩子使用适当的语言，比如，"请你走开""你不讲道理，我很不高兴"等。这样，孩子在处理矛盾时就会掌握更多的文明用语。

（4）不要过分关注

当宝宝无意识表达出来时，家长们不要太在意，这很关键。否则宝宝由于你的过度反应，反而会觉得很好玩，便会不断地重复。

（5）不要"善意"地重复宝宝刚说过的脏话，更不要鼓励宝宝再讲一次。这样做的后果估计是你也不愿意看到的。宝宝在刚学会一句话时，便会很兴奋地向你表达，如果这时你对宝宝说，"再说一次""宝宝长本事了，都学会骂人了"等等，他对于运用这样的话会更起劲。

（6）适当并及时地教育宝宝礼貌用语，同时告诉宝宝为什么不能说脏话。每个小孩子都像是一张白纸，你适当的正确的教导，无疑会带给宝宝一个好的人生开端。

（7）惩罚明知故犯的行为

当孩子总是故意在说一些粗话脏话，并且在家长多次解释和劝告都无济于事的情况下，父母应该立即采用一些措施来制止孩子的这种行为。如合理地剥夺孩子看动画片或去游乐园玩的权利等，使孩子深刻地认识到说脏话会给自己带来的不良后果，从而达到改正的目的。

一位有多年教育经验的老师说过：她有一个学生叫 David，年龄只有 4 岁，有一次上课他和小朋友抢玩具，因为没有抢到玩具而大骂对方："快点给我滚过来，要不老子扁你，小心你全家。"边说边手叉腰，一副黑社会老大的样子。这时在旁的家长们都笑了，因为他这个动作和语言"配合"太完美了。而 David 看见大家都笑了，他就更来劲了，声音更大了。以后每当他不如意时他总要骂人，他父母也拿他没办法。

可能有些家长要是听到自己的孩子说脏话立即会皱着眉头说："你这孩子怎么这样说话，真没礼貌，真不懂事，谁教你的啊？下次不可以了，要再这样就怎么怎么着。"其实我认为当孩子出现说脏话时，家长应该装着没听见也没反应，孩子说了几句看看没什么动静他就不会再说了。事情过后再和他好好地讲话，告诉他有些话会伤害到自己的好形象。这样孩子就会渐渐淡忘这些词。孩子说脏话其实就是听过别人说了，然后自己也试一试，结果发现父母的强烈反应，有笑的也有骂的。就像其他的坏习惯一样，他们会不断地尝试，为的就是让父母再做出同样的反应。David 就是这样的孩子。

爱说脏话的孩子一般年龄都在 3～6 岁，为什么会集中在这个年龄段呢？从儿童语言习得发展方面来看，这个时段的孩子都还处在学习语言的过程当中，所以他们对外界充满好奇心，任何事情都喜欢模仿。当他周围出现骂人的脏话，他会很快记住并在短时间储存在大脑记忆里，一旦脏话又在耳边响起时，他会毫不犹豫地跟着说并且很快就会运用。所以孩子在这个年龄段的父母要特别注意自己的言行，尽量给孩子创造和谐的生活环境。

再来说孩子为什么会说脏话。原因有很多，但最主要的还是想引起别人对自己的注意，另外是生气愤怒，还有就是有意识到骂人。孩子本身就不懂是非观念，我们做父母应该如何教孩子呢？

首先我觉得适当地说出不雅的话是可以理解的，因为我们生活在现实当中，现代科技又如此之发达，要做到充耳不闻还是比较困难的！但如果孩子经常说脏话则另当别论了。

另外要教会孩子如何发泄自己心中的不满，教会孩子用适当的方式表达自己的情感，关键是让孩子明白伤害他人是不文明的行为。家长可以多给孩子讲故事，用生活中所见所闻告知孩子说脏话是多么没有教养，慢慢地训练孩子的情操。

还有，家长的自律就不用说了，因为这是至关重要。无论是教孩子发泄愤怒还是有意骂人也好，父母就是孩子的榜样。有一个家长曾对我说：孩子的一言一行就是父母的镜子，这句话我现在是深有体会啊！

为了培养一个文明、有教养的孩子，我们还需要再尽一份力，再尽一份心！

32. 别做孩子的"阿拉丁神灯"

头脑不是一个要被填满的容器，而是一把被点燃的火把。

——普罗塔戈

情景一：

"妈妈，你怎么也得帮我找个理由呀！"女儿在恳求你："我没时间写周记。但是，如果我不交一篇上去，老师就不允许我去参加夏令营活动。"

情景二：

10岁的孩子已经同意了晚上去陪一个朋友，但突然又接到当天晚上去参加一个同学的生日宴会邀请，而那个朋友却没有收到邀请。"妈妈，我该怎么办？"她非常期待妈妈帮她拿个主意。

相信很多父母在孩子发出"sos"信号的时候，都会毫不犹豫地选择助孩子"一臂之力"，在解决孩子的问题之后，殊不知更大的问题却隐藏了下来。

帮助孩子获得自足和自信，是每一个妈妈对孩子最重大的教育使命。换句话说，我们教育孩子的重要目标之一，就是教会孩子如何渡过难关，重新振作，而不再总是依赖成年人。这意味着要授之以渔，将面对生活中的扑朔迷离的能力交给他。

每个人的成长过程中都会遭遇"怎么办"的问题，因为认知和经验的不足，孩子不得不求助于父母。不少家长认为，自己的孩子年龄小，不具备解决问题的能力，事实上，孩子们并不需要我们越俎代庖，将他们从挫折和失意中拯救出来，或者为他们的受挫准备理由。孩子们自己能解决属于他们的问题。家长最好不要包办代替，擅自帮助孩子或替孩子作决定，因为一旦失去锻炼机会，孩子独立解决问题的能力就会退化，遇到问题就会束手无策。应给孩子足够的机会、适当的鼓励和具体的指导，培养孩子解决问题的能力，上好孩子成长过程中这不可或缺的一课。

心理学家大卫·伍德曾说，家长应当充当"脚手架"，为孩子解决问题提供一个框架，让孩子自己动脑筋、想办法去解决，引导孩子把注意力放在解决问题的方法上。锻炼孩子解决问题的能力，父母要懂得适时放手，给孩子更多尝试、体验的机会。不妨做个"懒"爸爸、"懒"妈妈，只要孩子自己能处理的事，何不"袖手旁观"？

孩子在慢慢长大的过程中，会逐渐接触到各种类型的人，见识到更为复杂的事情，遇到不同的问题和麻烦。在这个过程中，他会积累经验，得到锻炼，处理问题的能力也会不断增强，有时大人只要稍加指点，他便能把问题处理得比较完善。

我们要做的就是培养孩子的独立人格。

父母都希望孩子在思想和行动上独立，实现自我，维护信念，自己解决问题。让孩子学会独立，父母需要讲究方法，用心培养。

（1）放手

许多父母从心底希望孩子很有能力，但正是父母因为处处不放心孩子，怕孩子"不会""做不好""太难"而处处帮助孩子，却成了孩子发展的阻碍。父母内在有一种害怕，害怕孩子受苦，害怕孩子受挫折；因为"太早——太危险——太难"，所以尽量关心和帮助孩子。

而家长的这些"担心"，给孩子种下一种意识，那就是做事情"太难"，"我不应该做困难的事情"。家长的潜意识里有一种愿望，那就是希望与孩子之间有一种紧密的联系，所以无论孩子长多大，仍然把他们当成幼小、无助、依赖自己的孩子来看待。所有家长在关心的同时，都是在传递对孩子能力不信任的信息。有的家长把孩子当成私有财产或像养宠物一样地养育孩子，这些对孩子都是不利的。家长要有"训练冠军"的意识，放手让孩子去经历事物，去处理问题。这样孩子才能够从做事情中体验到"胜任感""掌握感"，有了这些体验，孩子才能感受到自己的力量，才对自己有信心。

（2）允许孩子对自己负责任

许多家长在孩子表现不佳时，都感到不满；表现好时，又好像让家长面子有光，而孩子为自己成绩感到高兴时，家长却说："你不要骄傲"，这一切在表明孩子所做的一切是在为家长而做。有的家长（特别是女孩子的家长）当孩子与别人相处时常常重视"他们对你好不好"，这种信息让孩子认为，自己活得好不好，要看别人对自己如何。

在孩子做作业的时候，家长对孩子认真做作业加以鼓励，就能培养孩子的良好习惯。孩子把学习和做作业，当成是自己的"工作"，考试成绩不理想时，家长平静地启发他想出办法调整自己，让孩子懂得为自己的"工作"而努力。家长训练孩子慢慢学会照顾自己，在家里懂得遵守家庭规则，到外面懂得遵守社会公德。让孩子学会对自己负责，比如穿衣服，让孩子在两件或几件之间为自己挑一件，以后慢慢学会能自己作出选择和作决定。家长常用信任、肯定、正面的词形容孩子，让孩子慢慢学会照顾自己，他们就能学会对自己负责任。

（3）允许和重视孩子的想法

允许青少年在思想上做尝试，以便形成自己独立的信念。就算父母自己的想法与孩子的截然不同，父母仍然允许孩子表达自己的想法，允许孩子维护自己的决定。

在没有大的生命危险情况下，允许孩子错误地选择或实践自己的想法。家长可以表示自己的看法，如果孩子发现自己的想法错了，会对孩子发现更合理的事物有帮助；如果孩子的想法正确，家长应承认自己和修正自己，并欣赏和肯定孩子，这有助于孩子慢慢学会正确的判断。

（4）让孩子学会承担责任

父母要让孩子明白，成长不单指有更大的自由空间，也意味着更多的责任。有时不喜欢做的事情必须要去做，这就是责任。父母最好先从家里开始，给孩子一定的事做，让孩子先学会照顾自己，然后学会承担一些责任。比如出门在外，让孩子去买票，找公交车站，不断告诉孩子：你长大了是要为国家服务的。当孩子在承担责任时，一定要让他体验到一种"光荣感"，给孩子注入一种意识：他生命的目的是要承担更重的责任的。

（5）坦然接受改变

青少年虽然还依赖父母物质上的帮助，但它的形式与儿童时代的形式已经不一样了。孩子进入了人生大改变时期，处于生理变化、思想变化的"临界点"。随着孩子的成长，父母要有改变交流方式的准备，把孩子当成大人来对待，对有些事情用引导、探讨的方式与孩子相处，平等协商地解决矛盾。

（6）鼓励和支持

孩子在青春期，思想不成熟，却非常想自己做主，所以显得目中无人，但他们又常常觉得没有自信，感到无助。如果有父母耐心的支持，他们才能健康地成长。胆小的孩子需要有更多鼓励和支持。

具体实施方面，可采取以下方法：

（1）要教给孩子解决问题的语言

孩子 4 岁以后，可以教他一些解决问题的基础词，比如：是/不是，和/或，有些/全部，之前/之后，现在/以后，同样/不同等等，这些单词会对他大有帮助。比如有位母亲和女儿商量事情，就很巧妙地运用了解决问题的基础语言：

妈妈：你准备吃晚饭之前还是之后弹琴？

女儿：吃晚饭之前。

妈妈：哦，那好。但吃水果你想选择在吃饭之前还是之后呢？

女儿：当然是吃饭之后了，老师说过最好吃过饭半小时后再吃水果。

这里"之前""之后"的运用为孩子处理实际问题提供了两种可能，让孩子自己去思考、去选择、去决定。这样的基础词汇运用得多了，就能逐步提高孩子处理问题、解决问题的技能。

（2）训练孩子思考解决问题的方法

香港一所小学考试时给学生们出了这样一道题：从三楼扔下一个鸡蛋，怎样做才能让它不破？这道题不是脑筋急转弯，也没有标准答案，老师出这道题的目的，就是为了激发孩子去思考解决问题的方法。这被称作

"大脑风暴游戏"，家长也可借鉴，经常对孩子提出一些问题，激发孩子去思考多种解决问题的方法。这里当然不是要家长去效仿香港小学的这个提问，而是提一些在生活中经常会遇到的问题。比如，嘟嘟喜欢跳舞，但因为胖，没被选上，他该怎么办？洋洋受大孩子欺负，害怕上幼儿园怎么办？等等。鼓励孩子把他所能想到的主意都讲出来，无论他的想法多么愚蠢、荒诞，都不要取笑他。然后，跟孩子一起讨论这些主意，也可以让孩子跟他的小伙伴一起讨论，选出大家认为最好的主意。这种训练重复得多了，孩子面对问题时就能想出尽可能多的解决办法，更灵活、更有创造性地解决问题。

（3）创设情境，锻炼孩子解决问题的能力

提高孩子解决问题的能力，光纸上谈兵不行，重要的是让孩子多些实践和体验。美国心理学家的研究成果表明，孩子是否能成功解决问题，更多地取决于他们的经历而非聪明程度。家长可以有意识地为孩子创设自我解决问题的机会和条件，包括设置困难，让孩子多些锻炼，多些经历。比如让孩子独自到小卖部买东西，看他如何表现；有意晚些到幼儿园接孩子，看他怎么办。有个朋友的做法我觉得很不错。他把家里许多打电话的"业务"都交给5岁多的儿子：给煤气公司打电话，联系换煤气；给快递公司打电话，寄快件；给家政公司打电话，找人清理下水道……别小看打几个电话，孩子能从中得到不少锻炼，他学会了与人沟通，增长了应对生活中复杂情况的能力。

（4）相信孩子有解决问题的愿望和能力

通过自己的经历和实践，孩子能够学会自己解决问题，家长要相信孩子的能力，给孩子足够的机会和信心，让孩子大胆去尝试。

链楼

一位"懒爸爸"的陈述:

儿子4岁多时,有一次到楼下玩,回来后告诉我,他的玩具枪不见了,小朋友告诉他是松松拿走了,儿子想要回来,叫我往松松家打电话。我告诉儿子:爸爸先不打这个电话,你自己想想办法要回玩具枪。儿子马上说:"明天上幼儿园我告诉老师。"我说这是个办法,但不是最好的办法。然后帮他分析,松松拿走玩具枪可能不是故意的,只是玩忘了,就带走了,或者家里人突然来叫他回家,他来不及还,要是告诉老师,他该多没面子呀!再想想看还有什么更好的办法。见儿子作沉思状,我说你慢慢想,想好了自己去处理。

过了两天,儿子得意地告诉我,松松把枪还给他了。原来他编了个童话故事,趁松松在场的时候讲给小朋友听,故事的大意是:小熊突然被熊妈妈叫走了,匆忙之中带走了小兔子的玩具,小熊发现后第二天又送还给了小兔子,正为玩具没有"回家"而焦急的小兔子欢快地蹦起来……结果,松松第二天就把枪还给了儿子,还跟儿子道了歉。我表扬儿子:"这多好,既没影响和小朋友的关系,还把枪要了回来,以后遇到事情,应该多想几种办法,然后挑选最好的去做。"

33. 教子无方，不懂谦让

看见一位母亲写的一篇文章，是这样写的：有一次，一个叫文文的小朋友应邀来我家参加女儿的生日 Party，规定每个小朋友都得带一样礼物来抽奖交换，她带来了一个洋娃娃做礼物，结果被别的孩子抽走了，文文见状就大哭起来，死活不肯接受她抽中的礼物。为了安抚她的情绪，我又另外送她一份玩具，但文文仍是不乐意，我只好任由她独自一人缩在角落生闷气。她的父母来接她时，看到满脸泪痕的文文，心疼不已，问清楚了是因为没抽中自己带来的礼物，文文爸爸脸色有点不太好看地说："为什么不让抽中娃娃的那孩子让出这份礼物呢？"

我听了既惊讶也有些不高兴地反驳道："当初说好了是抽奖交换礼物，怎么可以破坏规矩，强迫抽中礼物的孩子让出礼物呢？"文文妈妈听出我话中的不悦，连忙出来打圆场说："我们家文文在家一向被宝贝惯了，只要她想要的东西别人都一定得让她。""别的孩子在家也同样是各家的宝贝，但再娇再宠那是在自家里，到了团体中，就得接受平等的规则。"

大概我的话说得太过直接，文文父母的脸色变得有些僵，拉着哭哭啼啼的文文匆匆离去。后来我家孩子的 Party 再也没邀请过文文，我想就算是我不计前嫌地邀请她，这个小丫头大概也不会愿意参加了吧？

时间匆匆过去十年。有一天，我在一家强调增进人际关系能力的补习班门口遇见了文文妈妈，她正在等文文下课，我好奇地问她为何会想到将文文送到这家以收费昂贵著称的补习班来上课，文文妈妈叹了口气说：

"没办法啊，文文的老师说她有交友障碍，班上没有一个同学愿意跟她做朋友，只好把她送来这里，看看能不能学习到一些改善她人际关系的方法。"

我想起十年前发生在我家的事，忍不住问她说："还记得那次你女儿抽奖没抽到娃娃的事吧？后来你们是不是在离开我家后立刻就去帮她买了那娃娃？"文文妈妈惊讶地睁大了眼睛反问道："你怎么知道？"我没直接回答她的问题，只是笑着又抛出一个问题："文文在家还是被大家宠让，要什么就要得到什么的小公主吗？"

如今这样的小皇帝、小公主越来越多，自私成了孩子们的通病，也成了家长们的心病。

怎么才能让孩子不那么自私呢？答：孩子自私心理的产生是其心理发展与后天的环境和教育交互作用的结果。

首先，孩子的自私心理与其自我意识的发展有着密不可分的关系。一岁多的孩子正处于自我意识的萌芽期。随着孩子的自我意识和认知能力的增强，两三岁的孩子逐渐懂得区分出"我的"和"你的"，开始出现了占有欲，产生了自私心理。这一时期儿童思维发展的典型特点是"自我中心主义"。处于自我中心思维中的孩子只会从自身的角度看待和思考问题，在他们看来一切东西都是"我的"，不允许别人碰自己的东西。也正是由于这种"自我中心"使孩子在与同伴的最初交往中"随心所欲"，不会自我克制，不会协调办事，因而出现抢夺别人的食物和玩具的现象。随着年龄的增长，孩子自然会逐渐去除这个自我中心，减少自私行为，学会谦让、克制。

其次，独生子女的家庭模式和家长错误的教养方式也可能造成孩子的自私心理。现在的孩子大都是独生子女，他们在 4－2－1 的家庭模式中处于"中心"地位，祖父母、外祖父母和父母的呵护强化了他们的自我意识观念，家中没有能与其分享物质和情感的兄弟姐妹，他们也缺乏集体生活的体验，因而导致他们不会处理自己和同伴的关系，不关心他人利益，往往会表现出自私的一面。在这样的家庭模式中，孩子本来就容易产生一定的优越感，如果祖辈和父辈再过分宠爱，家中一切以孩子的情绪变化和要求为中心，对孩子的过分要求总是有求必应，就更会使他们不能受一点苦或一点委屈，一切为己，养成独食、独玩等不良习惯。有的家长甚至容忍、迁就自己孩子的错误，当孩子与同伴发生冲突的时候，一味地袒护自己的孩子，从而剥夺了孩子自己解决问题的机会，助长了他们的自私行为。孩子的天性是好模仿的，父母之间或父母与邻里之间为一些小事斤斤计较，公交车上鼓励孩子抢占座位等，都可能使孩子在耳濡目染中逐渐产生自私的心理。

自私的孩子得不到同伴的欢迎，交不到好朋友。缺少同伴交往的孩子很难改变在独生子女家庭中形成的自我中心状态，心理脆弱，容易产生孤僻、自卑、破坏行为、攻击行为等心理问题。因此，对于孩子在其生理发展过程中由于自我意识的发展而产生的自私自利现象，家长的责任是要想办法加以引导，帮助他摆脱自我中心的束缚；而作为长辈的祖父母还要学会给孩子理智的爱，避免给孩子以"特权"，防止他的独占意识更加膨胀，逐步养成利他行为。

除了给孩子提供丰富的物质条件、给孩子讲有关分享的故事外，家长们不妨尝试用以下具体方法来加以引导，帮助孩子克服自私心理。

（1）从吃喝小事做起

吃饭时，最好全家人一起吃，而且"好东西要大家吃"。对于任何好吃的东西，家庭成员每人都要有一份。要让孩子知道，吃好东西不是他的特权，爷爷、奶奶、爸爸、妈妈也喜欢吃好东西。久而久之，孩子就会养成习惯，学会分享，即使是别人送他的东西，他也会记得给家长留一点。

（2）给孩子适度的照顾，教孩子学会履行义务

要摆正孩子在家庭中的位置，让孩子认识到自身的价值。在满足孩子基本吃、穿、玩、学习等需要的同时，还应鼓励孩子干些力所能及的家务活，如自己收拾玩具、摆凳子、分碗筷等，使孩子明白自己也是家庭中普通的一员，也应该为家人尽点义务。当孩子所做的得到大人的认可、自身价值得到承认时，孩子自然能减少自私行为，学会关心别人。

（3）不让孩子有依赖

要多跟爷爷奶奶沟通，让他们意识到"溺爱"对孩子的不良影响，对孩子的要求要达成一致意见，以免孩子对爷爷奶奶过多依赖，而降低了父母的威信。

（4）以身作则，给孩子树立良好的榜样

家长是孩子效仿的主要对象，所以家长要事事垂范。家庭成员之间关系融洽，与邻里和睦相处，好吃的先让给老人，给生病的家庭成员特别的照顾，出门坐车主动让座等，使孩子在耳濡目染中学会关心别人，克服自私心理。

（5）训练孩子的利他行为

反复训练孩子的利他行为，对孩子的良好表现要及时给予强化。平时要注意培养孩子谦让长辈，谦让同伴，谦让客人的好习惯。当孩子表现出礼让、把自己心爱的玩具拿给小朋友玩、主动让座等好的行为时，应及时给予表扬和鼓励，激发他们继续这样做的愿望。

（6）延迟满足

比如可以告诉孩子："如果能坚持与别人分享自己喜欢的食物或玩具，不抢夺别人的东西，两周后就奖励你那个早就相中的芭比娃娃。"延迟满足可以降低孩子的欲望，防止自私心理膨胀。

创造与同伴一起游戏的机会，使其逐渐掌握正确的交往方式。邀请小朋友到家里玩，鼓励孩子拿出自己的玩具和小朋友一起玩，把自己喜欢的食物与大家分享，让孩子亲身体验与他人共享的快乐。到亲子机构或公共儿童游乐场所，多让孩子参加各种活动，多少让他碰些"钉子"，在交往中逐渐学会考虑别人的权益以及如何与人相处。

（7）移情法

可以教孩子在与同伴交往之前进行换位思考："我若是对方，我该怎样"，凡事多为别人想想。当孩子表现出"不愿意拿出自己玩具或者食物"的时候，避免立即责备，应该使孩子设想："如果别人也不让我玩他的玩具或吃他的东西，我会怎么想？"要孩子知道只有多给别人爱心，才能获得别人的喜爱。

（8）角色游戏

可以设计有关"自私的行为"或"自私的人"的角色游戏。"自私的人"的角色可以由您或孩子来扮演，扮演时有意识地夸大自私的恶劣后果——自私的孩子不受欢迎、没有朋友跟他玩，使孩子体验到自私对别人的害处，引起他足够的重视，从而改变这种不良行为。

34. 家有孩子——不爱父母爱网络

案例一：

小凯说："我已经三天没上学了，今天还不想去。早上一个人对着电脑屏幕静静地发呆，什么也不想做。其实网络游戏玩多了也没什么意思，我也不想总是这个样子。我跟父母讲，我需要一些解决问题的办法，比如我该如何重回学校，一谈到这个问题，他们就只会骂我。我尝试过很多次与他们平心静气地交流，但都是无功而返。我与父母在冷战，我真的无法与他们沟通，他们所说的、所做的让我感觉他们是那么自私，他们从来没有想过我的感受，没有关心过我的需要。他们不帮我解决问题，反复唠叨那些废话让我更烦。现在父母对我已经彻底绝望了，我也受够了他们那种'呼之则来，挥之则去'的态度，我只是不想向他们屈服。"

案例二：

思轩的父母很宠爱他，从来不忍心拒绝他的任何要求。初二时思轩由于无节制地玩网络游戏，期末成绩降到了全班的最后一名。父母非常生气，决定减少思轩的上网时间，但孩子就是不同意。无奈之下从不拒绝孩子任何要求的父母，只能狠心谎称电脑被别人借走了，把电脑藏了起来，然而被纵容惯了的思轩为此大发脾气，用拒绝上学来要挟父母。为了能让孩子去上学，父母只好妥协。最终，思轩因为过度沉迷于网络游戏，中学没毕业就辍学了。

孩子的整个成长过程其实就是一个由自然人逐渐向社会人过渡的过程，是一个逐渐学会控制自己的欲望以符合社会规范的社会化的过程。

有些父母不忍心让自己的孩子在生活中"受委屈"，不管孩子的要求是不是合理，都尽可能地满足，这样的教养方式最终受害的是孩子。在孩子的整个成长期，如果父母对孩子的各种欲望不管是否合理，都不加以理性的约束，对孩子的无理要求也不加以节制，孩子就会只贪图眼前快乐，不顾长远利益，缺失自我欲望的控制能力。思轩因沉迷于网络游戏而辍学，究其原因是父母本能的爱泛滥的后果。

目前，社会对青少年的评价标准倾向于学习成绩，这种社会公认的评价标准也影响着孩子的自我评价。那些学习方面有困难的青少年，在生活中很难得到社会、学校、父母的欣赏和肯定，使他们从现实生活中体验不到成功和自信的快乐。因而导致这类孩子的内心充满了强烈的自卑感。

每个人都渴望得到他人的尊重和欣赏，处在学习自我评价阶段的青少年更需要在社会及父母的肯定中获得自信，找到自己在社会中的位置。当无法从现实生活中满足这种需要时，他们就会另辟获得尊重的途径，一部分孩子就选择了网络游戏。孩子一旦从虚拟世界中获得被尊重、被欣赏的感觉，满足了他们在现实中无法得到的价值感，找到了虚拟的社会地位，他们就会沉迷其中不能自拔。

张怡筠博士说过：事实上，90％染上网瘾的孩子都有家庭关系紧张的状态，也可以这么说，孩子的网瘾是家庭功能失调的表现。所以除非父母亲先改变与孩子的互动模式，建立一个与以往大不相同的家庭情绪氛围，让孩子能够有足够的情绪支撑力，回到现实生活当中来，才能让改变保持下去。所以，如果孩子沉迷网络，父母也可在家中，帮助他一步步地摆脱网瘾。

对此，张博士还给出了具体的方法：

（1）帮助孩子先恢复规律，再去想学习

许多父母强迫孩子立刻回到学校，以帮助他们逃离网络。事实上，孩子学业落后一大段，贸然把他们拉回学校当中，只会更加深他们的挫折感，往往会让他们逃离得更快。所以父母亲这时候应该采取渐进式的做法。首先帮助孩子建立正常的生活作息，因为有能力过规律的生活，就代表拥有自制能力，当孩子有了自制能力，他们就更有心理筹码摆脱网瘾。

所以，父母亲这时应用孩子能接受的方式沟通，问孩子自己希望能够怎么样安排正常作息，跟孩子商量："这样吧，你这个年龄正在长个儿，如果能睡眠充足，正常作息，那就会有好的体格，以后才……"

（2）鼓励孩子多进行体育锻炼

网瘾的孩子最缺乏的是自信跟自制力。父母可以建议孩子找时间做体能锻炼，甚至陪孩子一起锻炼。

心理学研究发现，持续不断的体能锻炼，不但对孩子的身体健康大有帮助，对孩子的自信和自制力也会大有提升。原因是，能够日复一日地做同一件事情，它本身就需要超高的自制力。（这也是为什么大部分人都没有办法持续锻炼的原因）。正面的经验，会导致自信的感受，当孩子的锻炼规划能够不断地实行的时候，他就每天累积了一些自信感受。

（3）教导孩子疏压的技巧

每个人都会面临压力，孩子面临的学习压力并不亚于成人。面对压力而适应不良，往往就会导致他们再次逃离现实生活。

情商专家发现，最有效的疏压呼吸方式，是用 1：4：2 的方式进行吸气、屏气、吐气（例如：2 秒吸气、8 秒屏气、4 秒吐气）。这样持续做上 5 分钟，压力感就会大幅疏解，而找回了解决问题的创意思考能力。当孩子知道他有能力放松自己的时候，面对压力他就更轻松自在。

（4）肯定及鼓励孩子的正面改变

只要孩子做到了他们自己原先的规划，每天锻炼，正常作息，父母亲就要抓住机会大大奖励。它可以是口头上的称赞："孩子你太棒了！你说到做到，是很不容易的事情。"有时候也可以量力而为地给一些物质上的奖品，例如孩子心仪已久的运动鞋、CD 等等。万一孩子没做到承诺的事，也可以适时地做一些惩罚，而这个惩罚最好是孩子事前就同意的。过去的研究发现，如果让孩子自己决定奖励或惩罚，他的做法往往会出人意料，愿意付出的代价比父母亲想象的高得多，从而更能达到激励或惩罚的效果。

（5）帮助孩子安排其他的生活重心

接下来就慢慢地引导他们安排其他的生活重心，包括人际互动的机会、嗜好的培养等等。孩子自然就会慢慢压缩上网的时间。当生活重心从网络扩展到了其他层面，孩子就会感兴趣做些其他的改变尝试。这需要一些过程，父母亲千万不能太着急。

（6）提升孩子学习动机和自信

接下来的任务是协助孩子找回学习上的兴趣及自信心。最好的方式之一，是在经济能力允许的情况下找一个家教，在家里帮孩子把落后的功课补上，让孩子对回学校和同学一起学习，感到较有把握而充满信心。告诉孩子，什么时候他想回学校读书，父母都会提供他所需要的协助。

比外，还要帮助孩子区分虚拟世界与现实生活的不同。父母通过与孩子的理性对话，引导孩子思考虚拟的成就感的利与弊，让孩子懂得虚拟的成就感虽然能满足内心的需要，但无法改变生活现状，甚至会使现实生活变得更糟，任性的结果很可能会毁掉他的现实生活。父母应从孩子一生的角度分析其现在的行为，教会孩子从人生的长度上去权衡利弊。

帮助孩子戒除网瘾要有耐心。当孩子已经上网成瘾时，父母要在心理上多关心孩子。理解和同情孩子的心理冲突，以真情动之，先收回孩子的心，再帮助孩子逐渐控制上网的时间。尊重戒除网瘾的规律，理性看待孩子的反复行为。当孩子出现反复时，父母先要问清原因，然后再给予相应的指导。

青春期正是孩子的"心理断乳"期，这是青少年从心理上脱离对父母的依恋，逐渐成长为独立生存个体的必经过程。此时，友情成为青少年情感需要的主要部分。一些父母平日里忽视对孩子与同伴交往的指导，孩子在交往中由于过度的以自我为中心，或是缺少谦让和宽容的态度，或是性格内向找不到正确的方法与人交流，而无法被同伴接纳，无法融入群体之中。现实中的内心需要得不到满足，孤独的孩子就会到网络中寻找心理上的平衡。

网络是孩子暂时的心灵避难所，当家庭关系及情绪氛围有所改变时，孩子就不需要到网络上去寻求庇护，慢慢地就会摆脱网瘾，回归真实生活！

35. 让孩子也成为"理财专家"

案例：

我的儿子今年 10 岁，上小学四年级了。因为觉得他长大了，我们会定期给他一定数量的零用钱，由他自己支配。至于爷爷奶奶给他的零用钱、亲友长辈给的压岁钱，我们也不再像小时候那样替他支配和保管，但会提醒他最好用来买学习用品，不要乱花。也许是对孩子过于信任，我发现孩子的书包里时常会出现一些与学习无关的小玩具，问他是哪来的，他总是支支吾吾不肯讲清楚，有几次我还发现他会在电话里和同学约地方吃零食、玩游戏。现在，孩子花钱越来越大手大脚，少量的零用钱已不能满足他了，他开始学会了以各种借口向我们骗钱甚至偷钱。为此，我头疼不已。每次批评他，他认错的态度都很好，可是没过多久，就会故技重演，我真担心孩子会因此而走歪路，我该怎么办啊？

小时候，孩子对花钱的意识不是很强，不懂花钱也不会花钱。上学后，看到同学们经常买这买那，他也对花钱充满了好奇。只要跟着大人上街，非要买些东西不可，而且不达目的誓不罢休。随着年龄的增长，父母免不了要给他们一点零用钱。开始的时候，孩子会因为自己手头终于有了归自己支配的钱而兴奋不已。他们认为有了这些钱，就可以去买自己过去想买而没有能力买的小东西、小零食。随着欲望不断被满足，孩子的胆子越来越大，花钱也越发大手大脚，少量的、有限的零用钱已经不能满足他们，于是。他们绞尽脑汁，想出各种借口、方法从家长手中骗钱，甚至偷钱。

孩子花钱大手大脚，这是独生子女中较为普遍的现象。他们不会计划开支，其主要责任往往在家长身上，当孩子要名牌运动服时，家长会将自己中午带的饭菜简单到不能再简单，省下钱来满足孩子的愿望，他们会说："唉，为了孩子……"；当孩子要买赛车时，家长仍会说："不能委屈了孩子"；孩子考了好成绩，家长更会毫不迟疑地倾囊而出，给予物质奖励……"为了孩子"，仿佛成了一些家长们生活的唯一宗旨，似乎活着就是为了孩子。许多家长都认为自己从小吃够了苦，绝不能再让孩子吃苦了，一定要给孩子最好的生活。于是，家长们便对孩子有求必应，恨不能将孩子泡进蜜罐里。然而，对于一个工薪阶层的家庭来说，要承担孩子的生活费用和读书费用，已不是件轻松的事情，更何况让孩子无节制地花钱呢？如果家长对孩子提出的不正当的消费要求也给予满足的话，就会激起他们更高的消费欲望，把他们引入消费的误区。因此，家长在孩子花钱的问题上，一定不能"心慈手软"，而要坚持原则，视家庭经济状况把好孩子的消费关。如果家长能改变自己的教育观点，这个问题是可以解决的。

孩子们乱花钱的现象折射出家庭教育中的一个盲点——理财教育。因此，要想帮助孩子戒除大手大脚花钱的坏习惯，就要用正确的思想理念引导孩子，教会孩子学习正确的理财。

（1）给孩子适量的零花钱

所谓适量就是根据孩子实际需要，以备急需，必须根据家庭经济状况，"宁可小气一点儿"，让子女体会节俭的必要，体会创业的艰辛。个别溺爱型的家长，即使囊中羞涩，也常与人攀比，多给孩子钱，会造成孩子不珍惜，乱花钱，不知钱来之不易。要教育孩子钱是父母辛勤劳动所得，一定要把零花钱与父母的辛勤劳动联系起来，培养孩子管理金钱的能力。经济条件较好的家长，千万不能财大气粗，任意给孩子钱花。

（2）引导孩子正确使用零花钱

要让孩子知道零花钱是用来补充学习和生活之必需，不能随便买吃的、买玩的而乱花，需要才能用。让孩子知道父母给零花钱，是对自己的信任，也是对自己的考验，相信自己能计划用钱，节约用钱，要经得起外界的诱惑，要有自控能力，培养自己的良好行为。让孩子知道"幸福不会从天降，不下苦功花不开"的道理。

（3）帮助孩子管好零花钱

家长要严格控制，坚持"少则不加，多则不减"。孩子结余多了，千万不能"上交"，否则对培养孩子不利。引导孩子，一是交家长保管，二是自己保管好不遗失，三是存银行。最好引导孩子给自己记账，月底可以与孩子一起讨论，哪些该用哪些不该用。

（4）培养孩子抗御金钱诱惑的能力

要让孩子知道金钱的两重性，既可改善人们生活，也能引人"下水"走入歧途。多给孩子讲一些勤俭节约的优秀人物故事，适当告诉他一些被金钱腐蚀而走上犯罪道路的故事。生动形象地讲一些法律知识，从小培养"守法意识"。通过城里孩子与农村经济欠发达地区孩子的"手拉手"活动，让孩子在对比中增强节俭度日的良好品德。有校办小商店的学校，尤其要配合家长教育孩子管好零花钱。不能为了利润而忽略了节俭教育。

孩子将来总要步入社会。对于正在成长中的孩子们来说，学会正确理财，不仅是让他学会用钱，还包含多方面的教育内容和多种能力的培养。聪明地利用零花钱可以提高孩子的"财商"，将使他们终身受益。

案例：

晚饭后，妈妈把童童叫到身边，很神秘地拿出一个红色的小本子，并且对童童说："童童，你看这是什么？"

童童很有兴致地跑过来看："是什么呀？"

妈妈把红色的小本子递给童童说："这是妈妈送给你的礼物——存折！"

童童瞪着大眼睛疑惑地看着妈妈说："妈妈，为什么要送我存折？"

"因为童童长大了，应该学会自己理财了呀！这个存折是妈妈特地为你办的，密码是你的生日，从今以后，它归你保存！"妈妈说。

童童高兴得跳了起来："太好了，我以后可以买好多好吃、好玩的啦！"

"童童，妈妈送你存折不是让你整天乱花钱的！"妈妈严厉地看着童童。

妈妈语重心长地对童童说："你知道吗，长辈们给你的零花钱和压岁钱是想让你用这笔钱做些有用的事情，买些有用的东西，妈妈不反对你用这笔钱来买学习用品和书，但是你必须要和爸爸妈妈商量一下，看看究竟有没有必要去买，你能明白吗？"

童童低着头说："我明白了。"

妈妈说："好，现在你自己能做很多事，妈妈很为你骄傲。以后，妈妈会每周给你 10 块钱作为零用钱,这笔钱就由你自己支配,用它做什么,你要准备个小本本记录下来,没花完的就攒下来,等攒够一定的数量你就把它继续存到这个存折里,你觉得怎么样?"

童童开心地说:"好!"

第二天,童童便蹦蹦跳跳地跟着妈妈去银行把自己的钱存了起来。

没有节制地大手大脚花钱,的确让家长头疼,而且这种行为也不利于孩子的成长。因此,家长应从小就教给孩子正确的花钱方式:

(1)计划法

当孩子手中有一定数目的钱时,家长要帮助孩子科学、经济地使用。现在的孩子,每逢春节时都会收到些"压岁钱",考试成绩好时也会得到长辈给的奖金。这些钱到了孩子手中,如果没有大人的指导,有的孩子就会胡花乱花,看到什么好玩就买什么,什么好吃就吃什么,把钱很快花光了,又向父母要钱。所以,家长要引导孩子计划开支、合理花钱,提高孩子的合理消费能力。

可以每周给孩子的零花钱确定一个数目,再帮他制订一周计划。让他自己考虑日常花费的额度,按必需到次要逐个列入计划,在固定的零花钱中开支。购物消费时,让孩子自己掏钱支付这些费用,让他学着做预算。切记不要在孩子的请求下为他支付一些不必要的开支或者替他弥补乱花钱造成的"财政赤字",否则,你永远都无法让孩子学会有计划地开支。

(2)阶段法

给孩子的零花钱可随孩子年龄的增长逐步放宽。小学时可少些,初中时适当增加些,高中阶段由于孩子有了一定的社会交往,这时,家长应在

"政策"上宽松一点儿。

（3）审核法

每周给孩子一些零花钱，同时发给孩子一个小记账本，要求孩子记录零花钱的用途、时间。每周审核，以检查孩子的开支是否合理及进行一些必要的消费指导。

（4）按需供给法

对孩子提出的购物要求，家长要分类指导，不需要的物品要对孩子讲明，需要但花钱数目较大的物品，也要从严掌握。

（5）储蓄法

为了让孩子从小就懂得生活的艰辛和自食其力的重要，应该鼓励孩子积蓄，让他们学会花"自己的钱"，而不必总是向父母伸手。

当孩子对物质或金钱提出要求时，家长首先应区分孩子的要求是否合理。不要认为孩子要钱是不应当的事情，在现代社会中，人们不能脱离钱而生活，孩子也不可避免地要与钱发生联系。因此凡是那些合理的要求，例如买书、买练习本，家长就应适当满足孩子并让他自己去购买这些东西。这样一方面可以激发孩子的学习兴趣，一方面可以培养孩子的独立性。对那些不合理的要求，家长要严词拒绝，并向孩子讲明道理。例如，孩子已经有许多布娃娃了，还缠着父母要求买新的，这时，家长就应告诉她："家里还有好几个布娃娃，你买这么多是没有必要的。爸爸妈妈的钱也挣得很辛苦，你要懂得爱惜爸爸妈妈用劳动换来的钱。"一般来说，随着年龄的增长和心智的日趋成熟，孩子都能逐渐接受这些道理，并能约束自己的行为。

在给孩子零用钱时，切忌与孩子的学习成绩和家务劳动联系起来。孩子干点家务活是正常的，这既能培养他们的劳动习惯，也能教育他们身为家庭成员应尽的义务感。但不能和钱联系在一起，家务劳动都是无报酬的，不能因为参加家务劳动而获得零用钱，这样会扭曲正常的家庭关系，变成雇佣关系，扭曲天伦之乐，扭曲家庭劳动的意义。同样，零用钱也不能用在奖励孩子考试成绩上，这无疑是贿赂，用金钱来作为一种物质刺激，有碍于培养孩子端正的学习态度，有害无益。

你要学会控制孩子的欲望。正确的做法是，孩子有需求，家长一定要他陈述理由，若合理（从孩子的心理和社会道德这两方面考虑，不能从大人的观点出发），则同意，比如零花钱，可以给，但必须汇报并记录下来，作为他的成长记录，待他再大一点儿的时候给他看，对他的成长会有好处的。如果不合理，比如每天买同一种零食，则应坚决拒绝，并说明拒绝的理由（这一点很重要，不说明理由的拒绝会使孩子分不清怎么做是对的，怎么做是错的，最终的结果是他会认为大人们不讲道理）。决不能因为他哭闹就迁就他，那不是爱，是纵容，会滋长他以自我为中心的心理形成，长大之后会难以与人相处。拒绝的好处还在于让孩子早一些接受挫折教育，使孩子明白，他并不是无所不能的，他也得服从。对孩子从小就培养有纪律感是有好处的，不然，一旦进入社会，没有人会像家长那样能够容忍他，社团中的集体纪律会使他受不了，一旦受挫折，会对孩子产生心理的伤害，从而带来严重的心理问题。

因此，千万不可对孩子有求必应，纵容孩子花钱。否则，让孩子从小养成好逸恶劳、花钱大手大脚的坏习惯，到头来会贻害无穷。

应该让孩子们懂得生活的艰辛，懂得家长的钱来之不易，从而让孩子们珍惜家长的劳动，从小就养成勤俭节约的良好习惯。另外，对于孩子的零用钱，父母要酌情处理，不要因为怕孩子乱花钱就不给孩子零花钱，而应指导孩子科学合理地使用零花钱。还有一点儿需要指出的是，家长要让孩子学会理财，并鼓励孩子储蓄。

36. 恶习，让我们无从适应

如果用几句话表达家庭教育的全部精华，那就是要使我们的孩子成为坚定的人，能严格要求自己。

——苏霍姆林斯基

情景一：

青青4岁半，今年刚上中班，暑期回了老家。从老家回来后，妈妈总感觉青青学了许多坏习惯。晚餐前，青青一直在吃肉松，妈妈担心她吃了肉松，吃不下饭，就多说了青青几句。没想到青青居然对妈妈说"呸"，妈妈很吃惊。青青向妈妈说："我最喜欢打扮了，我要小孩的唇膏和指甲油。"妈妈批评了青青，青青再次说："我要打你！"这次，妈妈感到了震惊，这是原来绝对不会出现的。

情景二：

飞飞今年6岁，长得虎头虎脑，身体反应敏捷，小家伙天生拥有一套娴熟的运动技巧。与其他小男孩一样，他聪明又好胜，可就是有一点不好，与人论理，稍不留神就用小拳头对付，为此，老师和家人很伤脑筋。

有一天，小朋友正在玩自己带来的玩具，不多会儿，就听见嘶叫声，只见两位小将已扭在了一起，谁也不相让。飞飞一只手抓住对方的前胸使劲推耸着。原来，两人为争辩玩具汽车的颜色是红色还是绿色各不相让，你一句，我一句，几个回合下来，飞飞按捺不住使出了"看家本领"。

老师批评他，只见他铁青着脸，像是一只遭到围攻的小老鼠急急申辩："我说这是红色的嘛，可他要说绿色的！"老师想了想，走上前去，蹲在他跟前，沉住气说："我知道你的小手伸出来一定是想摸摸自己的小耳朵，不小心打着了人，这样吧，以后要跟人恼了，小手伸出来就摸摸自己的耳朵，摸摸自己的脖子，好吗？""好！"飞飞歉意中略带一丝狡黠。老师轻轻地吁了一口气。

为彻底改掉他的坏习惯，在随后的一连几天中，老师有意让他与小伙伴一块儿玩，注意着他与人发生争执的那一刻。一见他的手伸出来，就暗示他摸摸自己的小耳朵，聪明的小家伙心领神会。功夫不负有心人，飞飞动手打人的坏习惯通过"摸摸小耳朵"的过渡终于得以制止。

孩子总有一些不大不小的坏习惯，很令做父母的头疼。在有孩子的家庭中，每个家长都有操不完的心，从吃住玩到安全、性格培养等多个方面，而且由于孩子是一个独立的个体，在成长过程中总会有些事情孩子不愿意做或有很强的抵触情绪。从晚上的刷牙，到上车系安全带，到不爱吃的食物，总之是千奇百怪。家长要对这些行为给予足够的重视和正确的指导，因为不良行为一旦变成"坏习惯"，就会成为孩子成长道路上的羁绊。

许多父母几乎都用同样的方法教自己的孩子改正一些不良的习惯。通常，父母先是以一种怪表情（厌恶或不屑）表示孩子又在做不该做的事；然后出言制止他、教训他。有的父母会带一点羞辱的话："你是想让自己看起来很蠢的样子？"甚至拍掉他的手或打他一个耳光。然而，孩子依然出现这些不良的习惯，这种方法有效吗？

虽然孩子有时不清楚自己为什么要如此做，但是他们的行为一定有其目的，因为他们如此做可能得到父母的注意，父母也会对这些行为表示关切，做出不当的反应。所以，父母这种态度和反应不但对改变不良习惯毫无帮助，反而是增强或鼓励了这种不良习惯的重复出现。

其实对于大多数孩子来说，都喜欢在表扬和鼓励下做些事情，即使这些小成功可能根本算不上什么。父母最好让孩子感觉你和他是站在一起的，这样对你所说和所做的才不会有太多的抵触，也更容易纠正不良行为。比如，父母们可以：

（1）多给予正面引导

鼓励永远比批评有效，哪怕孩子只有一点点的进步，也不要吝啬你的表扬。每天都给孩子一到两次正面积极的回应，或者在特定的某件事上给予表扬，用肯定的态度爱护和关心，一个鼓励的眼神或一个赞许的微笑都要胜过一堆喋喋不休的指责或过分的物质奖励。因为孩子是爱表现的，只需轻轻一夸，孩子就会高兴，精神上都得到满足。

（2）善于抓住时机

引导和教育孩子摆脱坏习惯要适时。因为很多小孩子的坏习惯是一种无意识的行为。一般情况下，家长可以在孩子坏习惯出现后立即进行纠正。例如发现孩子不洗手就吃东西时，要及时给孩子讲明"病从口入"的道理，并督促他洗手。当孩子再吃东西时或许就会想起了上一次妈妈（爸爸）的教训。对于孩子的进步，你也要及时地表扬。

（3）循序渐进

家长需要明白的是，孩子的坏习惯不是一天两天养成的，因此纠正孩子现有的坏习惯，家长的要求不能太高，要切合实际，也要有耐心。不要指望孩子在短期内把坏习惯完全纠正过来。家长要多一些宽容心，给孩子多一点时间，只要孩子每次都有一些改正就可以了。在一些情况下，以前的坏习惯可能又会在孩子身上反复出现，其实这也是正常的，家长不必操之过急。

（4）放弃"关注"

当你发现孩子的坏习惯始终"屡教不改"时，千万不要认为是孩子在故意违抗你，也许孩子自己还没意识到又犯错了。家长可以根据孩子的特点和喜好，转移孩子的注意力，比如，当你发现孩子又在咬自己的指甲了，你可以让他帮你打扫打扫房间，这样孩子会忘掉自己刚才的行动。这样避免因为对错误行为的关注而引起的孩子的"屡教不改"。

（5）确立家庭规则

想清楚可以容忍以及决不能容忍孩子什么样的行为。明确你对孩子的目标和要求，订立家庭生活中的规则，可以帮助孩子形成良好的行为习惯。对于家庭规则的确定，要清楚地、正式地告诉孩子。也可以将其写下来并在家庭中公布。如果孩子在规定时间以外打开电视，应让他及时关闭电视机，并且大声清楚地再陈述一遍规则，这样做有助于让孩子铭记在心。

不要以为孩子一定能从父母的行为、好恶中明白所有的规定和限制。

事实上，许多孩子只知道父母对他不满意，而不知道父母要他怎么做。另外，每个人对同一规定的理解可能不同，因此，规定必须很明确，要有的放矢，坚定自己的信念和原则，然后让孩子了解您的想法以及目标。务必牢记，随着孩子不断长大，对他的期望也应随之进行调整。

（6）有针对性地解决不良行为

假如孩子一直重复出现某种不良行为，那么就要集中注意力。也许你会发现孩子有一大堆的行为问题需要解决，但是要改善孩子行为最有效的方式就是一次只解决孩子的一种不良行为（永远不要超过2种）。这样你将更有可能去永久制止孩子的不良行为再度出现。因此请缩小范围，明确目标，集中全力消除孩子身上表现出的那些不利于家庭关系的融洽以及妨碍孩子个性的健康养成的具体不良行为，例如嘀嘀咕咕地抱怨、耍脾气、很晚才回家等。

链接

规范孩子的行为并不是一朝一夕的事，需要父母在孩子成长的过程中，细心掌握孩子心理和生理特点，巧妙地加以引导。

专家提示，对于孩子在不同年龄段出现的坏习惯，家长应使用不同方法来进行纠正。

1～2岁：咬人

分析：这个年龄段的孩子通常不能很好地用语言来表述自己的意愿，

于是，咬人就成了一种独特的表述方式。

建议：孩子的咬人行为应引起父母的警惕。如果孩子已经咬了别的孩子，父母应把主要关注点放在受害的孩子身上，这样做的目的是让孩子知道，他的这种行为并不能引起父母对他的重视。当父母发现孩子因此出现焦虑情绪时，应马上通过玩具或改变环境来转移他的注意力。

2～3岁：占有欲

分析：这个年龄段的孩子开始萌发以自我为中心的意识，占有欲也开始变强。与他人分享对他们来说是一门新的课程，需要长期学习才能掌握。

建议：当父母带孩子外出时，应记得告诉他，要把自己的玩具与其他小朋友分享，如果他做不到，那么就应把玩具收起来。当然，事先可以允许宝宝收起两三样他最喜欢的玩具，保留一些他的权利。

4岁以后：告状

分析：这个年龄段的孩子开始对是非对错有所认识，因此，当他看到有人在违背规则时，会理直气壮地把这种行为告诉家长或老师。

建议：父母可以告诉孩子，当他发现别的小朋友正在做一件很危险的或可能会伤害到别人的事时，确实应该马上告诉大人。但是，告状也是一种不受人欢迎的行为。

有时，孩子会希望通过告状来获得大人的帮助，例如，当小伙伴不愿和他分吃一个苹果时，父母最好把两个孩子叫到一起，通过协商的办法找到一个折中的方案。这样可以让孩子慢慢学会如何解决问题。

5岁：霸道

分析：很多孩子在这个年龄段开始出现小皇帝的霸道心态，他们常常会为所欲为。

建议：如果父母发现孩子对其他孩子有攻击性行为，千万不要姑息迁就，而是应该及时给他制定必要的纪律，每次外出或参加集体活动前，都要跟他反复重申纪律。例如在游乐场游戏时必须排队，遵守秩序；在小区的游乐区玩一件器械时不要霸占时间过长，因为其他小朋友也等着玩。

父母还应告诫孩子，如果他做不到遵守纪律，必须承受一定后果，例如结束游戏提前回家或缩短看动画片的时间；如果他在活动中能够很好地遵守纪律，应及时表扬或给予奖励。

6 岁：说脏话

分析：学龄前的孩子有时会故意说些脏话来试探父母的反应。但有时，他可能根本不知道自己在说什么，仅仅是模仿他人的话。

建议：父母可以对孩子明确说明哪些词汇属于禁区，并且告诉他为什么这样说不好。如果孩子刚刚开始说脏话，应平静而严肃地警告他；如果孩子说脏话成了习惯，父母应给予必要的惩罚。

7 岁：反叛

分析：这个年龄段的孩子喜欢试探父母的底线，"抗旨"不遵是他们最常用的方法之一。

建议：当孩子无视父母的要求时，父母应对他发出严正警告，告诉他如果再这样下去将会得到怎样的后果。例如当孩子不愿关电视睡觉时，父母应告诉孩子，如果在 20 秒内不关电视的话，明天将失去看电视的权利。当然，在发布类似命令时，父母的态度不要太强硬和不近人情，对于这个年纪的孩子，给他一个选择权是对他的尊重。

7 岁以上：说谎

分析：孩子说谎主要是为了逃脱惩罚，有些时候可能是为了避免尴尬的场面，为自己争得面子。

建议：如果父母发现孩子在说谎，首先应跟他说明诚实的重要性，并且告诉他为什么父母不能原谅孩子说谎。如果孩子继续通过说谎话来掩饰自己的过错，那么父母一定要让他受到惩罚，必须要让他知道，说谎对他没有任何好处。

规范行为的经验之谈：

（1）孩子在1岁左右时，已经能理解前因后果了，父母要让他明白"如果做错了事，就要受到惩罚"的道理；

（2）由于小孩子能集中注意力的时间很短，父母在发指令时越简单，孩子接受的效果也就越好；

（3）孩子犯错了，一定要帮他及时纠正，因为过了时间，他就会忘记自己究竟做错了什么；

（4）平时应帮助孩子培养良好的行为习惯，如果他表现好，就应及时表扬。